絶対成功する！

外国語活動 35時間の授業

アイデアブック

瀧沢広人 著

JN048253

小学 **4** 年

明治図書

はじめに

　小学校4年生は，3年生で1年間英語を勉強し，英語を勉強する楽しさを味わってきているかと思います。また逆に，英語が苦手だなあと感じている児童もいるかも知れません。「あなたは英語の授業は好きですか」と尋ねると，概ね80％～95％は好きと答えます。しかし，他の教科と比較して，「あなたの好きな教科を3つ選んで○をしましょう」と尋ねると，英語はなかなか上位に来ないものです。どうしても体育や算数，図工，音楽などが上位に来ます。そこの理由を調査し，ぜひとも，英語もこの中に組み込みたいものです。

　さて，4年生では，「色々な挨拶」「天気」「曜日」「時刻」「身の回りの文房具」「アルファベットの小文字」「欲しいもの」「道案内」「1日の様子」など，**自分のことや身の回りの物について，自分の考えや気持ちなどを伝え合うこと**を行い，外国語活動の目標である「コミュニケーションを図る素地」を育成していきます。目標や指導内容はたった4ページからなる学習指導要領（外国語活動）に全て書かれていますので，時間を見つけ，授業実践と学習指導要領とを行き来するとよいでしょう。特に，聞くことでは，「ゆっくりはっきりと話された際に，（後略）」とあることから，教師の英語も児童に分かりやすく，ゆっくり過ぎるくらいでいいので，ゆっくりと，はっきりと話してあげるのがよいのでしょう。また，話すことの発表では，「身の回りの物について，人前で実物などを見せながら，簡単な語句や基本的な表現を用いて話すようにする」（英語　1目標(3)ア）とあるように，**具体物や成果物を用いて，相手に配慮した発表を心がける**とよいでしょう。「相手に配慮」とは，英語の授業だけに限らず，教科・領域でも重要になりますが，前に出て発表する時の声の大きさや物の見せ方など，相手意識をもって行うよう全校体制で**指導する**必要があるかと思います。

　高校英語が，新教育課程（2022年度）から，「コミュニケーション英語」という教科名から「英語コミュニケーション」に変わります。たった言葉の前後の入れ替えですが，大きな意味をもつと思っています。英語そのものの力をつけるのではなく，英語を用いたコミュニケーションの力をつけて欲しいという文部科学省の願いがこめられています。と考えると，今まさに，先生方が日々取り組んでいる授業実践がとても価値のあることと思います。なぜなら，小学校英語で，英語によるコミュニケーションの楽しさに出会わせ，コミュニケーションを図る素地や基礎を培い，それらが一貫して中学・高校へとつながっていくのです。私たちにとっては，その出発点の仕事に携われるなんて，何ともやりがいのある仕事ではないでしょうか。どうか児童に，英語で**コミュニケーションを図る楽しさ**を味わわせてもらえたらと思います。

　最後になりましたが，小学校英語教育には型はありません。あるのは，学習指導要領と目の前の児童の事実です。目の前の児童が楽しく，そして学習指導要領の目標が達成していけるようご尽力ください。お互いに英語教育の発展のために頑張りましょう！

2020年2月　　　　　　　　　　　　　　　　　　岐阜大学教育学部准教授　瀧沢広人

もくじ

Chapter 1

絶対成功する！
小学4年 外国語活動のポイント10.....5

Chapter 2

授業細案でみる！
Let's Try! 2 35 時間の指導アイデア.....17

Chapter 1

絶対成功する！

小学4年
外国語活動の
ポイント10

1 英語環境を日常的にしよう

英語の日めくりカレンダーで1日1英語‼

　環境は人を育てると言います。教室に英語環境をつくっておくと，児童もそれに影響され，英語を身近に感じることができるようになるでしょう。

　例えば，英語の「日めくりカレンダー」を教室に1日1枚ずつ貼っていきます。

　そこに「今日の一口英語」を載せておき，朝の会で，英語係に紹介させてもいいでしょう。

　また，4年生のUnit 3で学習する曜日に合わせて，ミニホワイトボードに日常的に，「今日」「昨日」「明日」の曜日，そして「天気」を提示し，日直に貼り替えさせてもよいでしょう。

今日の一口英語　　　　　4月8日（水）
自分の言ったことをちゃんと相手が理解してくれたかな？と確認したい時の一言。

分かった？
Get it！
ゲティッ

Get it? は，上がり調子で言ってみよう。また「分かったよ」と伝える時には，Get it.（ゲティッ）と下げ調子で言ってみよう。

今日は何曜日？

Today is Tuesday .

Yesterday is Monday .

Tomorrow is Wednesday .

It is sunny today.

廊下の壁利用―ぼく，わたしが見つけた身の回りの英語

　さらに廊下には，「ぼく・わたしが見つけた身の回りの英語」というコーナーを設け，そこに身近な看板の写真や広告の切れ端などを貼らせていくコーナーを設けてもよいでしょう。

　いずれにせよ，英語の授業時間だけでなく，日々の日常生活の中に，英語の環境をぜひ，つくりたいものです。

英語発言カードで英語を話す雰囲気を教室内に‼

　私が中学で英語を教えていた時には，「発言カード」というものを作成しました。授業中は勿論，休み時間や家での生活の場面で，少しでも英語を話したら，ワンポイントずつ塗っていける得点板を生徒に持たせ，自由に進めさせました。すると，休み時間でも，すれ違うと，Hello. と挨拶をしてきますし，手をどこかにぶつけた時には，「あっ，痛っ！」って言ってから，「Ouch」と言い直すなど，習った英語を使って表現しようという「意欲」につなげることができました。ぜひ，教室内，学校内に，英語の環境をつくり英語を身近に感じさせましょう。

〈参考文献〉『小学英語を楽しく！ "ひとくち英語" 日めくりカード集 4年生用』滝沢広人編，江田美穂著（明治図書）

2 Let's Watch and Think はどう扱ったらいいの？

言語的側面と文化的側面に気付かせる

「Let's Try！」には，Let's Watch and Think.（見て考えよう）というコーナーがあります。Watch and <u>Think</u> ですので，基本的に児童に考えさせます。Uni 1 の Let's Watch and Think ②では，「えいぞうを見て，わかったことを□に書こう」とあります。児童は日本語で気付いたことを書きます。すると，「朝の挨拶で，グッドモーニングって言っていた」「英語でも，グラハハ先生と『せんせい』と呼んでいた」というように，「言語的側面」に気付く児童や，「挨拶をした時，抱き合っていた」「日本では『おやすみ』と言うだけなのに名前も呼んでいた」のように，「文化的側面」に気付く児童がいるかも知れません。

言語的側面や文化的側面に気付かせたものを今度は，自分たちの生活と比べ，相違点や共通点などを見出し，異文化理解を深める機会としたり，動画を見て考えたことを，児童の内部情報として蓄積し，単元の言語活動に活かしたりします。よって，Let's Watch and Think では，「どんな英語が聞こえてきましたか」と児童になげかけるのでなく，「どんなことを言っていたかな？」「どんな内容だった？」「何か分かったことあるかな？」とストレートに聞いてしまってよいのではないかと思います。そして，「で，みんなはどうなの？」と think させていきます。

〈Let's Try！2にある Let's Watch and Think〉　　　　　● (主) ○ (副)

単元	課題	言	文
Unit 1	①えいぞうを見て，世界のいろいろな国のあいさつについて，気づいたことを□に書こう。	●	○
	②えいぞうを見て，わかったことを□に書こう。	●	○
Unit 2	①えいぞうを見て，日本や世界の子どもたちの遊びについて知ろう。	●	○
	②えいぞうを見て，世界のさまざまな天気とその様子について知ろう。	○	●
Unit 3	①えいぞうを見て，世界の子どもたちの生活について知ろう。	○	●
	②すきな曜日についてたずねたり，遊びにさそう様子を見たりして，わかったことを書こう。	●	－
Unit 4	①えいぞうを見て，時刻と日課を線でむすぼう。	●	○
	②今，何時で何をしているのかな。時刻を聞いて，時計を完成させ，日課と線でむすぼう。	○	●
Unit 5	①えいぞうを見て，何がいくつあるか考えよう。	●	－
	②えいぞうを見て，世界の子どもたちのかばんの中身について，気づいたことを□に書こう。	○	●
Unit 6	えいぞうを見て，アルファベットの小文字について知ろう。	●	－
Unit 7	えいぞうを見て，世界の市場と日本の市場をくらべてみよう。	○	●
Unit 8	①えいぞうを見て，どの場所かを考えよう。	●	○
	②えいぞうを見て，学校の様子について，気付いたことを□に書こう。	－	●
Unit 9	無し		

3 Let's Listen はどう扱ったらいいの？

「どんな英語が聞こえましたか」と児童になげかける

　Let's Listen では，その多くが，聞いたものを用いて，それがそのまま次の言語活動に活か せるようになっています。そこで Let's Listen では，「語句や表現」に注目させるのがよいで しょう。

　例えば，Unit1の Let's Listen ②に，「登場人物について，わかったことを□に書こう」があ ります。そこでは，「Hi, I'm Takeru. I like strawberries. Ummm, I don't like lemons. See you.」という短い英文が流れます。そこで，「どんな英語が聞こえてきた？」と尋ねると， 「strawberries」や「lemons」，また「Takeru」と言ってきます。これは<u>「語」の聞き取りレ ベル</u>です。また，「don't likeって言っていた」「See you.って言っていた」という児童もいる でしょう。これは<u>「語句」レベルの聞き取り</u>になります。さらに<u>「文」の聞き取りレベル</u>では， 「I don't like lemons. と言っていた」という児童も出てくるかと思います。

　このように聞き取りでも，いくつかの段階があり，「語でなく，2〜3語のまとまりで聞け た言葉ない？」と尋ねてみたり，「文で聞こえたものない？」というように言ってみたりしな がら，「語」から「語句」へ，「語句」から「文」へと長いまとまりで聞き取らせていくと，そ れがそのまま次の言語活動で使う表現につなげることができます。

〈Let's Try！2にある Let's Listen〉

単元	課題
Unit 1	①どの国のあいさつかを聞いて，番号の□を書こう。
	②登場人物について，わかったことを□に書こう。
Unit 2	①だれがどんな天気でどんな遊びをするかを聞いて，線でむすぼう。
	②天気と衣類について聞いて，線でむすぼう。
	③世界の天気について聞いて，天気の絵を□にかこう。
Unit 3	一週間の予定について聞いて，番号を（　　）に書こう。
Unit 4	時刻を聞いて，時計を完成させよう。
Unit 5	登場人物の筆箱の中身について聞いて，（　　）に名前を書こう。
Unit 6	どの看板や標示かを聞いて，番号を□に書こう。
Unit 7	①だれがどんなパフェがすきかを聞いて，線でむすぼう。
	②野菜・果物について聞いて，線でむすぼう。
Unit 8	①地図を見ながら，どの場所かを考えよう。
	②だれがどの場所をすきかを聞いて，当てはまる場所を線でむすぼう。
Unit 9	無し

4 4年では，60までの数字を扱う

　小学4年生では，Unit 4で，時刻を学習します。時刻ですので，1〜60までの数字を学習することになります。しかし，ついでですので，100までを教えてしまってもよいでしょう。

STEP 1　1〜20までの数字

　児童は，既に3年生の時に，1〜20は学習していますので，まずは1〜20を復習してから，21〜100までの数字を教えるようにします。

T：（数字カードを取り出し）What's this ?　　　（**C**：One.）
T：Good ! One.　　　（**C**：One.）
T：（数字の2を見せる）　　　（**C**：Two.）

　以下，20まで児童に言わせていきます。特に，twelve（12）あたりから難しくなりますのでしっかり復習しながら，言えるかどうか確認します。

STEP 2　21〜100までの数字

　上記のように，1〜20までの数字の言い方を確認できたら，次の①②で，20までの数字に慣れ親しませた後に，③〜⑥の手順で，100までの数字を導入します。
　①1〜20までを教師と児童で交互に言います。
　②1〜20までをペアで行わせます。
　③「今日は，21〜100までの数字を学習します」と言って，学習課題を言います。
　④21は，twenty-one で，日本語と同じように21（twenty に one がついた言い方）になることを確認し，以下，29（twenty-nine）まで言わせていきます。
　⑤30（thirty）では，13（thirteen）は，後ろが強くどちらかというと伸ばす感じで言いますが，30（thirty）は，後ろを下げ，短く言うことを教えます。30を言ったら，31〜39まで言わせていきます。
　⑥40（forty）以降では，40，50，60，70，80，90，そして100という言い方を確認していきます。

STEP 3　ゲームを通じて数字に慣れ親しむ

　数字を扱ったゲームに Buzz Game（バス・ゲーム）があります。「3と5のつく数字の時は，手を叩く」などというルールで，遊びながら，60まで数字を言っていたり，ペアで交互に60まで言わせたりしながら，1〜60までの数字を練習させていきます。

5 数字ビンゴで１〜100までに慣れ親しませよう

どの子も喜び，数字に慣れ親しむ「数字ビンゴ」

　児童はビンゴが大好きです。

　次のような１枚の紙に４回分のビンゴができるワークシートを作り，児童に配付します。

〈やり方〉

① １〜25の数字をアットランダムに書き
　入れます。

②教師が言った数字を○します。

③○が縦・横・斜めに５つ並んだら，「ビ
　ンゴ！」と言って，手をあげます。

④最初にビンゴになった児童から10点，
　９点，８点…と１点ずつ減らし，最後
　１点になったらおしまいです。

⑤一度ビンゴになっても，続けてやって
　いき，２度目，ビンゴになったら，そ
　の時の得点がもらえます。

⑥最後は，合計得点で競います。

⑦ビンゴのスペシャルポイントとして，
　最初の５つでビンゴになった時は，ス
　ペシャルビンゴで50点。１つもビンゴ
　にならない場合，ノービンゴ（NO
　BINGO）で，20点がもらえます。意外
　とノービンゴの方が，点が高い場合が
　あるので，児童は「ビンゴにならない
　でくれ〜〜」と願ったりするものです。

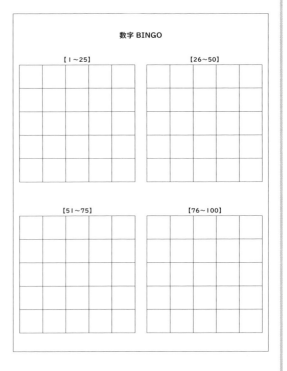

１枚の紙で４回できる‼

　１枚の紙に４回分作っておくのがミソです。するとこの１枚で１か月（週に１回ずつ）もつのです。また，大きな数字も聞くことに慣れますので，好都合です。ALTがいれば数字をALTに言ってもらうとよいでしょう。

6 カルタやカードビンゴで語彙に慣れ親しませよう

　発信語彙を身に付けるためには，まずは，聞いて理解する（受容語彙）を増やさなくてはいけません。それには，楽しく学べるカルタやカードビンゴが有効です。

> **＼　カルタゲーム　／**
> 　語彙を理解させ，増やしていくには，カルタは手っ取り早い方法となります。また，カルタをする時には，「負けることも学びましょう」「勝つ人がいれば，負ける人がいるのです」「やる時は一生懸命やりましょう」と言っておきましょう。

〈やり方〉　①机を向かい合わせ，ペアにします。
　　　　　　②カルタカードをペアで１組，取りに来るように指示します。
　　　　　　③机の上に広げさせます。
　　　　　　④教師の言ったカードを取ります。
　　　　　　⑤やりながら，ルールを確認していきます。
　　　　　　　・同時に取った時は，ジャンケンをする。
　　　　　　　・お手付きは，相手に１枚カードをあげる。　等
　　　　　　⑥１回終わったら，ペアを変え，２回行います。

> **＼　カードビンゴ　／**
> 　カルタカードを使って，カードビンゴをすることができます。これは，教師の言う英語を聞いて，その該当するカードを探すということで，やっていることはカルタと同じですが，ここには，他人との競争はありません。むしろ，ペアで行わせることにより，２人で該当のカードを探すという協働的な学習へと変化します。さらに，教師が読み上げそうなカルタを選んだり，ビンゴになりやすいように並べたりすることをペアで協力して考えるよさもあります。

〈やり方〉　①カルタカードをペアに１組配ります。
　　　　　　②９枚選んで，３×３にして，机の上に置きます。
　　　　　　③教師が言ったカードを裏返しにしていきます。
　　　　　　④12個読み上げた時点で，いくつビンゴになったかで競います。

　４×４でもできます。得点の与え方も，数字ビンゴ（本書 p.10）のように与えてもよいです。

7 道案内につながる Hot Cold Game

Hot, Cold を言って宝物のありかを教えよう

教室内に宝物を隠し，それを探し当てるゲームです。

ALT がいれば，最初は，ALT に鬼になってもらい，やり方を示しましょう。

HRT：Let's play "Hot Cold Game."

Jackson *sensei*, we'll hide this treasure（ぬいぐるみを見せる）in this classroom.

So, please find it. Could you go out of the classroom?

ALT：Sure.

HRT：（ALT が廊下に出たら）Everyone, where do you hide this?

C1：Here.

HRT：O.K. If Jackson *sensei* comes to this treasure, you say "Hot, hot, hot" three times.

If Jackson *sensei* goes away from this treasure, you say "Cold, cold, cold" three times.

Jackson, you can come in.

ALT：（宝物に近づく）

C：Hot, hot, hot.

ALT が宝物までたどり着いたら，「Who wants to try this game?」と尋ね，児童が鬼役を
やります。

〈やり方〉　①鬼を1人決め，廊下に出ます。

②教室内に宝物（例：ぬいぐるみ）を隠します。

③鬼は教室に入り，宝物を探します。

④鬼が，宝物に近づいたら，Hot, hot, hot. と3回言います。宝物から遠ざか
ったら，Cold, cold, cold. と3回言います。

⑤そのヒントを聞きながら，鬼は，宝物を見つけるゲームです。

⑥なお，男子対女子で行い，どちらが短い時間で探し当てられるか競ってもい
いでしょう。男子が鬼の場合は，男子がヒントを言っていきます。女子は見
ているだけです。何分で宝物までたどり着けるかを競います。

この Hot Cold Game の次には，実際に宝物の位置を教える「道案内」へとつなげていくと
よいでしょう。Hot hot hot. と言う代わりに，Go straight. Turn left. Stop. というような表現
を用いて，鬼役の児童または ALT に宝物までの道を案内します。

8 活動の前には，Demonstration させよう

活動のやり方をしっかり理解させておく

　児童は，Let's Play（練習）や Activity（活用）で，児童同士のプラクティス，言語活動を行います。その時に留意したいことは，これから活動で行うやり方を児童にしっかり教えておきます。

　例えば，Unit 4に Activity があります。そこには次のような指示が出ています。「あなたのお気に入りの時刻とその理由をつたえ合おう」です。その前段階での Let's Listen では，4人の子どもたちが次々と好きな時間帯とその理由を語るのを児童は聞いています。

さよ：I like 3 p.m.

友達：Why？

さよ：It's "Snack Time." I like sweets.

　そこで，Activity に入ったら，「あなたのお気に入りの時刻とその理由をつたえ合おう」ですが，「みんなの好きな時間帯は何時？　その理由は？　教材17ページの下の表に書きましょう」と自分の考えを示させます。

　その後，活動の前にやり方をデモンストレーションして見せます。

先生：自分の好きな時間帯を，英語でどのように伝えたらいいだろう？

児童：Let's Listen で聞いたように，I like 3 p.m. と言えばいい。

先生：そうか…。理由は，どうやって言う？

児童：It's "Snack Time" とか，どんな時間かを言って，I like sweets. など，1つ付け足す。

先生：じゃ，誰か Demonstration できる人いる？

児童1：（前に出てきて）Hi. I like 7 p.m. It's "Dinner Time." I like dinner.

児童：（拍手）

先生：他にできる人いる？

　このように，Demonstration（デモンストレーション）を行って，児童にどのように活動をすればよいのか理解させます。

　小学校4年生ですので，きっと多くの児童が前に出て来て発表したがるでしょう。

　また，教師は，児童がする Demonstration を見ながら，その後の児童同士の活動が実施可能かどうか確認し，言語活動につなげていきましょう。

9 意味のある言語活動にしよう

「意味のあるやり取り」がこれからの英語教育には必要だと言われます。そしてそのために，具体的な課題等を設定して，コミュニケーションを行う目的や場面，状況に応じた言語活動を設定します。「小学校学習指導要領解説外国語活動・外国語編」にも次のように書かれています。

> 中学年では，英語で簡単な情報や考えなどを相手に理解してもらえるように表現したり，伝え合ったりすることを通して，コミュニケーションを図る資質・能力を支えるための素地となる力を育むこととなる。そのため，決められた表現を使った単なる反復練習のようなやり取りではなく，**伝え合う目的や必然性のある場面でのコミュニケーションを大切に**したい。相手の思いを想像し，伝える内容や言葉，伝え方を考えながら，**相手と意味のあるやり取りを行う活動**を様々な場面設定の中で行うことが重要である。（p.28，下線と太字は筆者）

　定型表現を使って，友達とやり取りをする反復練習に加え，学習指導要領の目標を達成するために，「場面」をつくり，場面をつくることで，コミュニケーションを行う「目的」が生まれ，「状況」が加わることで相手を意識させ，意味のある言語活動を行います。Let's Play は，あくまでも言語材料の練習（プラクテイス）の場とし，最後の Activity で，ぜひ，単元で1回は，コミュニケーションを行う目的や場面，状況を設定した言語活動を行いたいものです。

〈Let's Try！2にある Activity〉

単元	課題
Unit 1	あいさつをして，友だちのすきなことやきらいなことをたずねたり答えたりしよう。
Unit 2	どんな遊びをしたい友だちが何人いるかたずね合い，表に書こう。
Unit 3	ペアになってすきな曜日をたずね合い，あなたと同じ曜日がすきな友だちをさがそう。
Unit 4	あなたのお気に入りの時刻とその理由をつたえ合おう。
Unit 5	文房具セットを作って，友だちにおくろう。
Unit 6	①すきな看板や標示を一つえらんで，その文字について友だちとたずね合い，相手のえらんだものを当てよう。 ②すきな色を一つえらんで，その色の文字について友だちとたずね合い，相手のえらんだ色を当てよう。
Unit 7	①友だちと果物カードをやりとりして，オリジナルパフェをしょうかいしよう。 ②友だちと食べ物カードをやりとりして，オリジナルピザを紹介しよう。
Unit 8	友だちのすきな場所をしょうかいし合い，その理由について知ろう。
Unit 9	無し

10 コミュニケーションの中で自然な楽しさを味わわせよう

コミュニケーションは，お互いの考えや思いの相互作用

　「コミュニケーション」って，何でしょうか。よくコミュニケーション，コミュニケーションと言われますが，いったいどういうことを指すのでしょうか。実際，人によって，捉え方が違います。しかし，教えている教師にとっては，自分なりのコミュニケーションの捉え方は必要になってくるかと思います。

　私は，「相互作用」と捉えています。

　お互いを理解し合い思考が高まっていくことがコミュニケーションであると考えます。

　ある小学校4年生の授業で，好きな曜日を尋ね合う活動をしていました。指導者はまだ2年目の先生です。非常にいい授業をされました。その中で，児童の間でこんなやり取りがありました。

C1：What day do you like ?

C2：I like Wednesday because I play the piano.

C1：え？弾けるんだ？

　この「え？弾けるんだ？」と，日本語で言ってしまってはいますが，ここに英語でのコミュニケーションの意味があると思いました。女の子が目を丸くして言った場面は，とても印象的でした。そして，「児童は，このようにしてコミュニケーションを図る楽しさを味わっていくのだな」と思いました。「学習指導要領解説」にも，コミュニケーションの楽しさが，次の「伝え合う力」の素地へとつながることを示唆しています。

> 　加えて，児童が発する表現等が例え曖昧であっても「英語を使おうとする」意欲や態度を認め，賞賛し，支援を行うなどして，英語を用いたコミュニケーションの楽しさを児童が実感できるよう配慮することが重要である。こうした経験が，伝え合う力の素地や主体的にコミュニケーションを図ろうとする態度の育成につながる。(p.32)

振り返りカードでコミュニケーションのよさに気付かせる

　友達とコミュニケーションを図って知った気付きなどは，振り返りカードに書かせていくとよいでしょう。そうすることで，人とコミュニケーションを図ることの楽しさに気付くに違いありません。

和製英語には気をつけて！

　日本語の中には，数多くの和製英語があります。小学校英語で気をつけたいのは，何といっても，アメリカンドッグでしょう。私も大好きなアメリカンドッグ。怪しいと思うカタカナ英語は，辞書で調べる習慣をつけておくとよいでしょう。

　ずばり，アメリカンドッグは，American dog に聞こえます。アメリカの犬になってしまいます。それを，I like American dogs. はいいのですが，もしその後に，I like eating. をつけた時には，どうしようもありません。英語でアメリカンドッグは，corn dog です。

　また，「私はミニトマトが好きです」…さあ，英語で何と言いましょう？ I like mini tomatoes. は，完全な和製英語。実際は，cherry tomato と言います。

　このように，一見，英語っぽい語も，調べてみるとまったくの和製英語である場合があります。カタカナ英語が出てきたら，要注意です。念のため，調べてみるとよいでしょう。

〈食べ物で気をつけたい和製英語〉

ショートケーキ	× short cake（短いケーキ？）	○ sponge cake
ホットケーキ	× hot cake（熱いケーキ？）	○ pancake
フライドポテト	× fried potato（揚げたジャガイモ）	○ French fries
パン	× pan（フライパン？）	○ bread
シュークリーム	× shoe cream（これは靴磨き粉！）	○ cream puff
ハンバーグ	× hamburg（ハンバーグ？）	○ hamburger steak
ソフトクリーム	× soft cream（ソフトクリーム？）	○ soft-serve ice cream
レモンティー	× lemon tea（レモンティーじゃダメ？）	○ tea with lemon
アイス	× ice（氷になっちゃうね？）	○ ice cream
ココア	× cocoa（ココアって英語じゃないの？）	○ hot chocolate

〈その他で気をつけたい和製英語〉

ホッチキス	× Hotchkiss（Mr. ホッチキスさん？）	○ stapler
ペットボトル	× pet bottle（ペットボトル？）	○ plastic bottle
段ボール	× dan-ball（ダンボール？）	○ card board
セロテープ	× cero tape（セロテープ？）	○ scotch tape
ファイト！	× fight（戦え？）	○ Go for it.

Chapter2

授業細案でみる！

Let's Try!2 35時間の指導アイデア

Hello, world！　世界のいろいろなことばであいさつをしよう

●言語材料
〔基本表現〕Good morning. / Good afternoon. / Good night. / Good evening.
〔語　　彙〕morning, afternoon, evening, night, world
〔既習事項〕挨拶（Hello. Hi. How are you？ I'm fine.），自己紹介（I am .... I like.... I don't like .... I want ....），果物，野菜，食べ物，スポーツ，色，動物等
●時数：2時間

1 単元の目標

・さまざまな挨拶の仕方があることに気付くとともに，様々な挨拶の言い方に慣れ親しむ。
・友達と挨拶をして，自分の好みなどを伝え合う。
・相手に配慮しながら，友達と挨拶をして，自分の好みなどを伝え合おうとする。

2 この単元のねらいと付けたい力

・1日の挨拶の仕方を知り，挨拶の言い方に慣れ親しむ。（知・技）
・小学校3年生で学習した英語を用いて，自分の好きなものや好きでないものを友達と伝え合う。（思・判・表）
・I see. Me too. などの反応をしながら，相手意識をもって話をしようとする。（主）

3 単元の指導計画

時間	○主な学習活動・●評価の対象	□指導内容・○評価・☆留意点
第1時	○英語の歌「Good morning」 ○ Let's Play（p.4）	□果物，野菜，色，スポーツ等について好みを友達と尋ね合う。 ○相づちを打ったり，積極的に質問したりしながら相手意識をもって，好みを尋ねようとしている。（思・判・表）（主） ☆相づち表現や，より詳しく質問する英語を指導しておく。
第2時	● Let's Watch and Think ① （p.2）	□世界には様々な挨拶があることを知る。 ○動画を見て，世界には様々な「こんにちは」

	○ Let's Listen ① （p.3）	があることに気付く。（知・技）
	○英語の歌「Good morning」	☆どのような意見や考えも，肯定的に受け止める。
	○ Let's Watch and Think ② （p.4）	□相手意識をもって，好きなもの，好きでないものを尋ねたり，答えたりしながら伝え合う。
	● Let's Listen ② （p.5）	○相手の発言に反応しながら好きなもの，好きでないものを伝え合っている。
	● Activity （p.5）	（思・判・表）（主）
		☆活動の前にやり方を理解させておくようにする。

＼ ここで差がつく！指導＆教材活用のポイント ／

前学年までに何を履修しているか

　本単元で扱う内容に関して，前学年までに学習済なものは何かを考えながら，指導計画を立てることは，児童の活動を予測する意味で大切になります。例えば，本単元では，「好きなもの，好きでないもの，欲しい物などを伝え，自己紹介する」という言語活動が設定されています。

〈小学校3年生で履修済の語彙〉

果物	apple, strawberry, grapes, pineapple, peach, melon, banana, kiwi fruit, lemon, orange
野菜	tomato, onion, green pepper, cucumber, carrot
スポーツ	soccer, baseball, basketball, dodgeball, swimming, volleyball, table tennis
色	red, blue, green, yellow, pink, black, white, orange, purple, brown
動物	fish, gorilla, monkey, pig, rabbit, dog cat, panda, mouse, bear, elephant, horse, spider, seahorse, starfish, jellyfish, moth, owl, cow, dragon, snake, tlger, sheep, chicken, wild boar

音と文字

　教材では，どちらかというと，音に注目が行きますが，世界には色々な文字があることにも気付かせたいです。文字の読み方も言語によって違います。ちなみに，「瀧沢広人」を色々な言葉で書くと，次のようになりました。

〈瀧沢広人〉

アラビア語	هيروتو تاكيزاوا	スペイン語	Hiroto Takizawa
韓国語	다키자와 히로토	ヒンディー語	हिरोतो ताकीजावा
中国語	泷泽广人		

Hello, world !
世界のいろいろなことばであいさつをしよう

第1時

・目　標：相手意識をもって，友達や教師と好きなものについて伝え合う。
・準備物：□野菜，果物，色の絵カード

1 導入（15分）

❶ 挨拶をした後，教師の自己紹介をする。（3分）

T：Hello, class.

C：Hello.

T：How are you ?

C：I'm good. How are you ?

T：I'm great. I am Takizawa Hiroto.　I'm from Tokyo. I like *natto* very much.
I eat *natto* every morning.　I like vegetables. I like eggplants, cucumbers, cherry tomatoes … I like all kinds of vegetables. What vegetables do you like ?

C：I like …（口々に言う）

❷ 好きな野菜，果物，色，スポーツなどを尋ねる。（12分）

T：What's this ?（と言ってきゅうりの絵を見せる）（**C**：cucumber !）

T：Yes. Do you like cucumbers ?（**C**：Yes. / No.）

T：How about green peppers ?　I like green peppers. I grow green peppers in summer.
The taste is good. Do you like green peppers ?

C1：No, I don't.

T：Oh, you don't ?　You should try !　How about onions ?　Do you like onions ?

C2：Yes, I do.

〈板書〉　果物，野菜，色の絵カードを貼り，次の活動につなげます。

りんご	オレンジ	バナナ	きゅうり	トマト	赤	青	黄色
すいか	桃	ブドウ	にんじん	ピーマン	紫	緑	ピンク
いちご	めろん	キウイ	たまねぎ		茶色	白	黒

2 展開（20分）

❶【Let's Play】（p.4）：活動のやり方を示す。（5分）

T：Open your books to page 4.「あいさつをして，友だちのすきなものをたずねよう」

T：Hello, C1.

C1：Hello.

T：（黒板を見ながら，どれを聞こうかな…という表情で）What fruit do you like ?

C1：I like … peaches and watermelons … and grapes.

T：（手で「先生に質問して…」というジェスチャー）

C1：Oh …, what vegetables do you like ?

T：I like eggplants ! What vegetables do you like ?

C1：I like … ここにないのでもいいの？ （**T**：Yes.）**C1**：I like sweet potatoes.

T：Oh, sweet potatoes. Nice. Thank you for talking.

C1：Thank you !

T：Let's give C1 a big hand !（児童は拍手する）

❷【Let's Play】（p.4）：活動のやり方を説明する。（7分）

T：今，先生とC1さんでやったけど，最初に何した？（**C**：Hello.）

T：そうだね。最初に「挨拶」をしたね。（ あいさつ というカードを貼る）
次にどうした？（**C**：質問し合っていた）

T：Yes. 質問し合います。（ 質問 というカードを貼る）
そして，最後に，お互い聞き終えたら，「話をしてくれてありがとう」と Thank you for talking. と言ったね。（ Thank you for talking. のカードを貼る）

> \ ポイント /
> 説明した後には，デモンストレーションを見せる（本書 p.13）といいです。

❸【Let's Play】（p.4）：児童同士で伝え合う。（8分）

時間でペアを変えるとよいでしょう。（約40秒〜1分）

教師が合図を出すまでは，色々な質問をし続けるようにします。

3 まとめ（5分）

振り返りカードに記入させます。数名に発表させ，学びを深める機会とします。

2 Hello, world！
世界のいろいろなことばであいさつをしよう

第2時

・目　標：相手の発言に反応しながら，好きなもの，好きでないものを伝え合っている。
・準備物：□野菜の絵カード

1 導入（12分）

❶ 挨拶する。英語の歌「Good morning」を歌う。（5分）

❷【Let's Watch and Think ②】（p.4）：1日の挨拶を知る。（5分）

　教材の4ページを開けさせ，動画を見せます。

　児童は分かったこと，気付いたこと，思ったことを教材に書き込ませ，挨拶の仕方や文化
について気付かせます。

〈児童の予想される気付き〉

シーン①朝の挨拶で，グッドモーニングって言っていた。

シーン②午後2時32分だった／Hinata（ひなた）は，先生に何をあげていたのかな？
　　　　英語でも，グラハム先生って呼んでいた。

シーン③夜の会話だった／挨拶した時，抱き合っていた／寝る時の挨拶みたい。何時に寝るん
　　　　だろう？／日本では「おやすみ」だけなのに名前も呼んでいた。

\ ポイント /
　4年生なので「4つ以上書きましょう」と，書く量の目安を示してもいいでしょう。

❸ 1日の挨拶を言ってみる。（2分）

　時計の模型を用いたり，両手で時計の針を示したりしながら，時間を示し，その時間では，
どの挨拶を使ったらいいか言わせます。

T：午前中ね。It's nine o'clock.　　　**C**：Good morning.

T：午後。It's three o'clock.　　　**C**：Good afternoon.

T：夜中。It's ten o'clock.　　　**C**：Good evening.

\ ポイント /
　ここでは，午前中の挨拶は Good morning. 午後は Good afternoon. 寝る時には，Good
night. ということを押さえます。また，1日中使える言い方に，3年生で学習した Hello. がある
ことを教えます。さらに夕方から夜以降に使う Good evening. も教えてもいいでしょう。

② 展開（23分）

❶ 【Let's Listen ②】（p.5）：好きなもの，好きでないものを聞き取る。（10分）

T：Let's listen ②. Open your books to page 5.

Look at the first boy, No.1. What is his name? Do you know his name?

What does he like? 登場人物について，分かったことを3つ書きましょう。

Let's listen.

C：（児童は聞く）

1人目（たける）が終わった段階で，「どんなことが分かった？」と児童に問いかけながら，聞こえたことを確認していきましょう。

その後，2人目（さよ），3人目（エミリー）は，続けて聞かせ，内容を確認します。

❷ 好きでないものを言ってみる。（5分）

T：みんなは好きじゃないものってある？ 先生は，I don't like celery.

（と言って絵カードを見せる）What don't you like, C1？

C1：I don't like snake.

T：Wow, I don't like snake either.

> \ ポイント /
> 　動画は止めなければ何回も繰り返しますので，繰り返し聞かせてから，どんな内容であったか質問してもよいでしょう。

❸ 【Activity】（p.5）：児童同士で，好きなもの，好きでないものを伝え合う。（8分）

始める前にデモンストレーションを見せます。

③ まとめ（5分）

最後に「Let's Watch and Think ①」（p.2）の動画を見させ，世界には色々な挨拶や文字があることに気付かせ，多くの言語の中の1つである英語を勉強していくことを伝えます。「Let's Listen ①」（p.3）を開き，まとめとします。

振り返りカードに記入させます。

数名を指名し，発表させます。

Let's play cards.　すきな遊びをつたえよう

●言語材料

〔基本表現〕How's the weather？ / It's sunny. / Let's play cards. / Yes, let's.

〔語　　彙〕天気（sunny, rainy, cloudy, snowy），天候（cold, hot），遊び（play tag, jump rope），衣類（shirt, shorts, sweater, pants, boots, cap, hat, gloves, shoes），動作（stand up. sit down. walk. run. jump. fly. swim. skip. stop. turn around.）

〔既習事項〕I like .... / What sport do you like？ / How many ...？

●時数：4時間

1　単元の目標

・世界と日本の遊びの共通点と相違点を通して，多様な考え方があることに気付くとともに，さまざまな動作，遊びや天気の言い方，遊びに誘う表現に慣れ親しむ。

・好きな遊びについて尋ねたり答えたりして伝え合う。

・相手に配慮しながら，友達を自分の好きな遊びに誘おうとする。

2　この単元のねらいと付けたい力

・遊びや天気の言い方を知り，語彙に慣れ親しむ。（知・技）

・人を遊び等に誘う表現を知り，表現に慣れ親しむ。（知・技）

・天気に応じて，やりたい遊びを考え，友達と伝え合い，遊びを決める。（思・判・表）

・友達の考えを大事にしながら，遊びを決めようとする。（主）

3　単元の指導計画

時間	○主な学習活動・●評価の対象	□指導内容・○評価・☆留意点
第1時	○英語の歌「Rain, rain, go away」 ○パノラマページ（pp.6-7） ● Let's Chant（p.6） ●好きな天気を伝え合う	□好きな天気を伝え合いながら，天気の言い方に慣れ親ませる。 ○好きな天気を尋ねたり答えたりしている。（知・技） ☆クラスのみんなはどんな天気が好きなのか最後は集計するとよい。
第2時	○英語の歌「Eeny, meeny, miny, moe」	□天気に応じて，遊びを考え，友達を誘う。 ○天気を伝え合い，天候にあう遊びを提案し，

	○ Let's Chant（p.6） ○復習「天気の言い方」 ○キーセンテンス・ゲーム ○ Let's Watch and Think ①（p.6） ○ Let's Listen ①（p.8） ●活動「遊びに誘おう」	友達を誘っている。（思・判・表）（主） ☆活動の前にやり方を理解させておく。
第3時	○英語の歌「One little finger」 ○ Let's Chant（p.6） ○復習「天気と遊び」 ● Let's Listen ②（p.8） ●活動「どんな服を着る？」	□天気に応じて，着る服を考える。 ○天気を伝え合い，着る服を選び，友達に渡している。（思・判・表） ☆身近な話題を大切にし，児童が着ている洋服には，日本語になっているものもあれば，和製英語もあるので，語彙や発音等に気を付けさせる。
第4時	○英語の歌「The Hokey Pokey」 ○ Let's Chant（p.6） ○復習「今日は何を着ている？」 ○ Simon says ○ Let's Watch and Think ②（p.9） ● Let's Listen ③（p.9） ● Activity（p.9）	□クラスレクで遊ぶ遊びを友達と尋ね合い，クラス遊びを決める。 ○やりたい遊びを尋ねたり答えたりして，クラスで人気の遊びを調査し，クラスレクを考える。（思・判・表）（主） ☆個人で調査した結果を班で集計し，人気の遊びベスト３を決める。

＼ ここで差がつく！指導＆教材活用のポイント ／

英語版「誰にしようかな？」

　順番や役割を決める時に，「誰にしようかな。天の神様の言う通り。あのねのね」というようなものがあるかと思います。この歌の英語版が，Eeny, meeny, miny, moe. です。これの元々の意味は，次のようになります。

　　Eeny, meeny, miny, moe, （イーニー，ミーニー，マイニー，モー）

　　　Catch a tiger by the toe. （トラのつま先をつかんで）

　　If he hollers let him go. （もし，そいつが大声を出したら放してやれよ）

　　Eeny, meeny, miny, moe, （イーニー，ミーニー，マイニー，モー）

　　　You are *it*. （君がオニだ！）

　つまり，23人目がオニとなります。ちなみに，moe, toe, go, moe と韻を踏んでいることに気が付きましたでしょうか。英語ではこのように，単語の語尾の音を揃える「脚韻」（rhyme）や，単語の初頭音を同じにする「頭韻」（alliteration）があります。

3 Let's play cards. すきな遊びをつたえよう

第1時

・目　標：天気を尋ねたり答えたりする表現を知る。
・準備物：□天気の絵カード（rainy, cloudy, sunny, snowy）　□ワークシート

1 導入（10分）

❶ 挨拶する。英語の歌「Rain, rain, go away」を歌う。（5分）

❷ パノラマページ（pp.6-7）について質問する。（5分）

　場面絵から，自由に英語を出させ，新しい語彙を学ぶチャンスとします。

T：What can you see on pages 6 and 7?　　**C1**：Japan.　　　**C2**：Boys.

T：How many boys ?　　　　　　　　　　**C2**：Seven ?

T：How many girls ?　　　　　　　　　　**C3**：Nine ?

> \ ポイント /
> 　場面絵から，思いつく英語を自由に言うことで，語彙力を広げることができたり，英語を言う雰囲気を教室内につくることができたりします。

2 展開（25分）

❶ パノラマページで，天気の表現に話題を移す。（5分）

T：Look at Hokkaido. Point to Hokkaido.（児童は北海道を指さす）

　　How's the weather in Hokkaido ?

C：*Snow.

T：Yes. It's snowy.（snowy とゆっくりはっきりと言う。「雪」の絵カードを黒板に貼る）

　　 Do you like snowy days ?

C：Yes. / No.

T：I don't like snowy days. I am very tired to shovel the snow.

　　Where is Kyushu ? Point to Kyushu.（児童は九州を指さす）

　　How's the weather in Kyushu ?

C：Sunny.

T：Yes, it's sunny.（「晴れ」の絵カードイラストを黒板に貼る）

C：It's sunny.

T：Do you like sunny days？

C：Yes. ／ No.

\ ポイント /

このように天気のやり取りをしながら，コミュニケーション活動の中で，天気の言い方に慣れ親しませます。児童はいったいどんな天気が好きなのでしょうか？

unit 2

❷【Let's Chant】（p.6）：チャンツを歌う。（5分）

ゆっくりバージョン（49秒）で聞きます。リピート機能で，数回繰り返して聞かせます。

多くの児童が歌い始めたら，「Let's sing together.」と言って，歌わせてみましょう。

❸ 好きな天気の順番◎〇△×で表し，伝え合う。（15分）

T：Snowy day, sunny day, rainy day and cloudy day. What days do you like？

I like sunny days. I like sunny days very much.（晴れの絵カードの下に◎を画く）

I don't like snowy days.（雪の絵カードの下に×を描く）

Umm, I like cloudy days.（曇りの絵カードの下に〇を描く）

I don't like rainy days very much.（雨の絵カードの下に△を描く）

T：How about you？ What days do you like, C1？

C1：I like sunny days very much ….

〈板書〉

\ ポイント /

児童が好きな日が記入できるワークシートを作り，大好きな天気から，好きじゃない天気を尋ね合う活動を行わせ，言語活動を通して天気の言い方に慣れ親しませます。

❸ まとめ（5分）

振り返りカードに記入させます。

数名に発表させ，学びを深める機会とします。

4 Let's play cards. すきな遊びをつたえよう

第2時

・目　標：天気に応じて，遊びを考え，遊びを友達に提案する。
・準備物：□天気の絵カード　□遊びの絵カード

1 導入（15分）

❶ 挨拶する。英語の歌「Eeny, meeny, miny, moe」を歌う。（3分）

「Eeny, meeny, miny, moe」は，英語版の「誰にしようかな」です。

❷ 【Let's Chant】（p.6）：チャンツを歌う。（2分）

❸ 「天気の言い方」を復習する。（3分）

T：（晴れの絵カードを見せながら）How's the weather？（黒板に貼る）　　**C**：It's sunny.

T：Do you like sunny days？　　　　　　　　　　　　　　　　　　　　　　**C**：Yes！／ No.

T：（雨の絵カードを見せながら）How's the weather？（黒板に貼る）　　　**C**：It's rainy.

T：Do you like rainy days？

❹ キーセンテンス・ゲームを行う。（7分）

T：Let's play key sentence game. Make pairs and move your desk face to face.
　　（児童は机を向かい合わせる）

T：Do you have an eraser？ One eraser in a pair. Put the eraser on your desk.
　　（児童は，机の上に1個消しゴムを置く）

T：Let's start key sentence game. The first key sentence is "It's sunny."
　　Repeat after me. It's snowy.（**C**：It's snowy.）

T：It's ... rainy.（**C**：It's rainy.）

T：It's ... sunny！（**C**：消しゴムを取る）

2 展開（20分）

❶ 【Let's Watch and Think ①】（p.6）：天気と遊びについて知る。（5分）

T：Look at the screen. How's the weather, in Hokkaido？

C：It's snowy.

T：Right. When it is snowy, what do children in Hokkaido play？

C：雪だるま。

T：Oh, 雪だるま .... O.K. Let's watch it.（と言って，動画を見せる）

　動画の中の Let's make a snowman. という英語に気付かせ，雪だるまは snowman ということの理解につなげます。また，気候（hot, cold）も確認させます。

　確認した天気や遊びは，絵カードで黒板に残していくといいでしょう。

❷【Let's Listen ①】（p.8）：どんな天気の時に，何をするか聞き取る。（5分）

　①のたける君の遊びを聞き終えたら，どこに線を引いたか確認します。

　その後，「どんな英語が聞こえてきましたか」と，児童から聞こえてきた英語を引き出しましょう。特に，let's play cards. は引き出し，let's ～の意味に気付かせましょう。

　続いて，②と③を聞きます。

　答え合わせをした後，「天気によって，遊びが違うね。みんななら何で遊ぶ？」と言いながら，天気の絵カードを1人1枚ずつ配布します。

❸ 遊びに誘う。（10分）

　やり方を説明します。次のような会話を行い，遊びに誘います。

C1：（挨拶を終えた後）How's the weather？

C2：It's rainy. Let's play othello game.

　上記のような対話を数回，デモンストレーションを行い，やり方を見させましょう。

　活動時間を2分間とり，児童は友達を遊びに誘います。

　1回目が終わったら，中間評価を行い，言いたかったけど言えなかった表現を確認します。

　その後，2回目を行います。

> **＼ ポイント ／**
> 　同じ活動を2回する意図は，1回目でうまく言えなかった児童も，2回目には言えるようになるなど，本当に誘いたい遊びに友達を誘えるようになることを体験させるためです。

３ まとめ（5分）

　振り返りカードに記入させます。

　数名に発表させ，学びを深める機会とします。

5 Let's play cards. すきな遊びをつたえよう

第3時

・目　標：天気に応じて，相手に合う洋服を渡すことができる。
・準備物：□学習カード

1 導入（15分）

❶ 挨拶する。英語の歌「One little finger」を歌う。（5分）

❷ 【Let's Chant】（p.6）：チャンツを歌う。（2分）

❸ 「天気の言い方」と「遊び」を復習する。（8分）

T：It is sunny today. After lunch, what do you want to play ?　**C**：....

T：Do you want to play dodgeball ?　　　　　　　　　**C**：Yes.

T：So, let's play ....　　　　　　　　　　　　　　　　**C**：Dodgeball.

T：O.K.　It's sunny today. What do you want to play ?　**C1**：Let's play "snake *janken*".

T：Nice idea. How about you ?

> ＼ ポイント ／
> 昼休みに何がしたいか，本当のことを言わせるコミュニケーション活動にしましょう。

2 展開（20分）

❶ 【Let's Listen ②】（p.8）：天気と衣類について話題にする。（5分）

聞かせる前に，児童と対話してみましょう。

T：Open your books to page 8. Look at "Let's Listen 2."

　　What can you see in the picture ?　（スクリーンでも拡大して見せるとよい）

C：Cap./ Shirt. / Boots.

T：When it is snowy, what do you wear ?

C：Boots ?

T：Yes. When it is snowy, you put on（ジェスチャーをしながら，強調して言う）boots.

　　When it is sunny, what do you wear ?

C：wearって？

T：I wear a white shirt.（自分の服を指さしながら）I wear pants. I wear blue shoes.
　　You wear a yellow shirt. When it is sunny, what do you wear ?

C：I wear shirt. / I wear a cap.

❷ 【Let's Listen ②】（p.8）：天気と衣類を聞き取る。（7分）

T：O.K. Let's listen to the CD and connect the dots. No.1.

> Look, it's sunny. Put on your cap. No, not the brown cap. Put on the red cap.

答えを確認します。以下，同様に聞かせます。

❸ 天気によって，着るものを洋服の絵カードを使って尋ね合う活動をする。（8分）

洋服の絵カードを1人5枚，天気の絵カードを1人1枚ずつ配ります。

scarf	gloves	pants	short pants	T-shirt	cap
boots	hat	sunglasses	coat	jacket	sandals
snowy	rainy	cloudy	sunny	cold	hot

出会った友達と次のような会話を行い，自分の天気に合う服を集めていきます。

C1：（挨拶が終わったら）How's the weather ?

C2：It's rainy.

C1：Put on boots.（と言って長靴のカードを相手にあげる）Here you are.

C2：Thank you. How's the weather ?

C1：It's snowy.

C2：Put on gloves.（と言って手袋のカードを相手にあげる）Here you are.

3 まとめ（5分）

振り返りカードに記入させます。
数名に発表させ，学びを深める機会とします。

6 Let's play cards. すきな遊びをつたえよう

第4時

・目　標：学級遊びを決める。
・準備物：特になし

1 導入（15分）

❶ 挨拶する。英語の歌「The Hokey-Pokey」を歌う。（5分）

❷【Let's Chant】(p.6)：チャンツを歌う。（2分）

❸「天気の言い方」と「洋服」を復習する。（5分）

T：What are you wearing? 上から全部言ってみよう。例えば先生なら…。
　　I'm wearing a white shirt. Blue pants. Blue shoes. Grey socks.

C1：Yellow shirt. Green short pants. White socks. White shoes.

T：Oh, you are wearing a nice T-shirt. Do you like yellow?

C1：Yes, I do.

T：How many pockets do you have today?

C：（児童は数える）

T：Who has the most pocket? How many, C2?

C2：Six.

T：Six? I have three.

❹ 英語ゲーム（Simon says）を行う。（3分）

Stand up. Sit down. Walk. Run. Jump. Turn around. 等の表現に慣れ親しませます。

2 展開（20分）

❶【Let's Watch and Think ②】(p.9)：世界の天気を映像で見る。（5分）

　日本では経験しないような天候も、海外では起こり得るので、映像を見て、様々な天気につて知る機会とします。

　Let's Watch and Think なので、「見て、考える」ことをさせるために、見て思ったことや感じたこと、考えたことなどを発表させましょう。

〈予想される児童の気付き〉

・ハリケーンがすごかった。　・台風とどう違うのかな？　・犬が…と言っていた。

・アンブレラって言っていた。　・ニュージーランドは雪が降っていた。

❷【Let's Listen ③】(p.9)：天気を聞き取る。(5分)

天気を聞き取り，教材の□に天気の絵を描かせます。

❸【Activity】(p.9)：学級遊びを決める。(10分)

コミュニケーションの場面づくりを行います。

T：今週の金曜日の学活はレクをしましょう。

C：いえ～～い。

T：天気がどうかな？　晴れの時はみんな何したい？　What do you want to play ?

C：ドッヂボール（dodgeball）／リレー（Relay）／ヘビジャンケン（Snake *Janken*）／

ドロ刑（cop and robbers）／縄跳び（Jump rope）／しっぽ取り（catch the tail）

T：When it is rainy, what do you want to play ?

C：Fruits basket.

教材の9ページを開けさせ，晴れの時にしたい遊びを4つ日本語で書かせます。同様に雨の時だったらやりたい遊びを4つ書きます。自由に立ち歩き，どの遊びに人気があるか調査します。

C1：（挨拶を終えたら）It's sunny. Let's play dodgeball.

C2：Let's play tag.

人数のところには，正の文字で何人いたかメモをしていくようにします。晴れの時，雨の時もそれぞれ10人ずつに聞いて，人気の遊びを決めます。約10分後，班で集計し，発表させます。

T：When it is sunny, what game is popular ?

Group 1：Dodgeball is popular.

③ まとめ (5分)

振り返りカードに記入させます。

数名に発表させ，学びを深める機会とします。

I like Mondays.　すきな曜日は何かな？

●言語材料

〔基本表現〕What day is it？ / It's Monday.

〔語　　彙〕曜日（Sunday, Monday, Tuesday, Wednesday, Thursday, Friday, Saturday），
果物・野菜（mushroom, watermelon），飲食物（soup, pie, sandwich）

〔既習事項〕Do you like Mondays？ / Yes, I do. / No, I don't. / I like Mondays.

●時数：3時間

1 単元の目標

・世界の同年代の子どもたちの生活を知るとともに，曜日の言い方や曜日を尋ねたり答えたりする表現に慣れ親しむ。

・自分の好きな曜日について，尋ねたり答えたりして伝え合う。

・相手に配慮しながら，自分の好きな曜日を伝え合おうとする。

2 この単元のねらいと付けたい力

・月曜から日曜までの曜日の言い方が分かる。（知・技）

・曜日を尋ねたり，答えたりする表現を知る。（知・技）

・1週間の予定を伝え合う。（思・判・表）

・好きな曜日を尋ねたり答えたりする。（思・判・表）

・世界の同年代の子どもの生活の様子を知り，共通点や相違点を探す。（主）

3 単元の指導計画

時間	○主な学習活動・●評価の対象	□指導内容・○評価・☆留意点
第1時	●英語の歌「Sunday, Monday, Tuesday」 ● Let's Chant（p.11） ○ Let's Watch and Think ①（p.11）	□曜日の言い方や，曜日を尋ねたり答えたりする表現を理解する。 ○曜日を正しく言えている。（知・技） ☆歌やチャンツ，児童とのやり取りなどを通じて，曜日について慣れ親しませるようにする。 □同年代の海外の子どもたちの生活の様子を知り，自分の生活と比較する。

		○世界の子どもたちの生活と自分の生活を比べながら，自分の生活を見つめなおそうとする。(主)
第2時	○英語の歌「Sunday, Monday, Tuesday」 ○ Let's Chant（p.11） ○ Let's Watch and Think ①(p.11) ○キーワード・ゲーム ● Let's Listen（p.12） ● Let's Play（p.12）	□1週間の予定を尋ねたり，答えたりする。 ○1週間の予定を友達に伝えている。(思・判・表) ☆無理に予定をすべて言わせるのではなく，決まっている予定だけ伝えればよいこととする。
第3時	○英語の歌「Sunday, Monday, Tuesday」 ○ Let's Chant（p.11） ○ Let's Watch and Think ①(p.11) ○ミッシング・ゲーム ○ Let's Watch and Think ②(p.12) ● Activity（p.13）	□好きな曜日とその理由を伝え合う。 ○好きな曜日を尋ね合ったり，答えたり，理由をつけて伝え合っている。(思・判・表) ☆活動の前には，しっかりやり方を見せ，理解させてから行うようにする。

\ ここで差がつく！指導＆教材活用のポイント /

曜日名はこうして作られた

　日本語では，日曜日〜土曜日まで，「日・月・火・水・木・金・土」と惑星の名前がついています。では英語はどうでしょうか。Sunday は，sun（太陽）から，Monday は，Moon（月）から来ていることは容易に想像できますが，Tuesday はどうでしょうか。実は，英語の曜日名は，Sunday, Monday, Salurday は「ローマ神話」から，Tuesday, Wednesday, Thursday, Friday は，北欧神話の「人名」から来ているのです。だから曜日名は大文字で始まるんですね。

Sunday	日曜日	文字通り，sun（太陽）の日
Monday	月曜日	文字通り，moon（月）の日
Tuesday	火曜日	北欧神話の神「Tyr」（チュール）の日。チュールは，Odin（オーディン）の3番目の息子。Tyr から Twi に変化していった。
Wednesday	水曜日	Odin（オーディン）から Woden（ウォーデン）に変化し，「〜の 」を表す es がつき Wednesday（オーディンの日）になった。
Thursday	木曜日	Thor（トール）は北欧神話の戦いの神様・雷神で，Tyr（チュール）と同様 Odin（オーディン）の息子になる。
Friday	金曜日	Freija（フレイア）から来ている。北欧神話の愛と美の女神。
Saturday	土曜日	Saturnus（サトゥルヌス）ローマ神話に登場する農耕・天空の神。

7 I like Mondays. すきな曜日は何かな？

第1時

・目　標：英語での曜日の言い方に慣れる。
・準備物：□教材（p.10）の曜日の円の拡大絵　□ワークシート

1 導入（10分）

❶ 挨拶する。英語の歌「Sunday, Monday, Tuesday」を歌う。（8分）

英語の歌では，曜日の頭文字を手で表したり，ジェスチャーで示したりしながら，動作を伴いながら，歌うようにします。

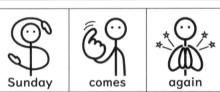

❷ 曜日を確認する。（2分）

歌い終わったら，What day is it ?（今日は何曜日でしょう）と児童に尋ねます。

カレンダーを取り出し，曜日を指しながら，Sunday, Monday, Tuesday …. と確認します。

2 展開（25分）

❶【Let's Chant】（p.11）：チャンツを歌う。（15分）

教材10ページの曜日の円の図を拡大印刷し，黒板に貼ります。

曜日を確認した後，曜日のところに書かれている絵は何か尋ねます。

T：O.K. Everyone, what's this on Monday ?

C：Mushroom.

T：Yes !　Monday … mushroom. How about this ?（火曜日のスープを指す）

C：Soup !

T：Yes. It's soup. Tuesday soup.

このように Monday mushroom から，Sunday salad まで確認したら，ゆっくり歌います。この時，いきなり曲をかけるのではなく，最初は教師の後に言わせ，言い方に慣れさせます。

T：O.K.（ペンで机を叩きながら，リズムをつくる）Monday mushroom.

C：Monday mushroom.

T：Tuesday soup.

C：Tuesday soup.

次に，What day is it？ It's Monday. を付け加えていきます。

T：（ペンで机を叩きながら，リズムをつくる）What day is it？（**C**：What day is it？）

T：It's Monday.（**C**：It's Monday.）

T：Monday mushroom. What day is it？（**C**：Monday mushroom. What day is it？）

T：It's Tuesday.（**C**：It's Tuesday.）

T：Monday mushroom. Tuesday soup.（**C**：Monday mushroom. Tuesday soup.）

このように曜日と食べ物がどんどん増えていく歌です。かなり最後の方は長くなりますが，曜日の言い方に慣れ親しませることができ，また，Monday mushroom のように，最初の音が同じ音（頭韻）で始まっていますので，音の勉強にもなります。

慣れてきたら曲と一緒に歌ってみます。

❷ 【Let's Watch and Think ①】（p.11）：世界の子どもたちの生活を知る。（10分）

ワークシートを配り，そこに聞き取れたことをメモします。

聞こえてきた国，名前，曜日，その他分かったことを書かせ，最後に「みんなはどう？」と考えさせます。ここでは，フィリピンの子どもが，「手伝いをする」と言ってきますので，「みんなは家でどんな手伝いする？」と投げかけ，Think（考え）させるようにします。

5つの子どもたちの様子を1回の授業で1～2つ視聴させ，3時間かけて行います。

❸ まとめ（5分）

振り返りカードに記入させます。

数名に発表させ，学びを深める機会とします。

8 I like Mondays. すきな曜日は何かな？

第2時

・目　標： 1週間の予定を尋ねたり，答えたりする。
・準備物： □教師の1週間の予定を表す写真や絵カード　□ワークシート

1 導入（20分）

❶ 挨拶する。英語の歌「Sunday, Monday, Tuesday」を歌う。（3分）

❷ 【Let's Chant】（p.11）：チャンツを歌う。（3分）

❸ 【Let's Watch and Think ①】（p.11）：世界の子どもたちの生活を知る。（10分）

　3人目（Emilia：エミリア）と，4人目（Manish：マニッシュ）を聞き，自分の生活と比較させるようにする。

	3人目	4人目
どこの国？	Finland（フィンランド）	India（インド）
名前は？	Emilia	Manish
どんな曜日が聞こえてきた？	Sundays	Fridays
その他，分かったこと	コンピュータで勉強する。	カバディ（鬼ごっこのようなもの）遊びをする。

T：みんなは，どんな遊びをする？

C：ドッヂボール，色鬼，しっぽとり…。/**C**：カバディって何？

T：（動画を見る）インドではカバディという遊びがあって，こんな風に，鬼ごっこをします。ちゃんとしたインドの競技で，大人もやるんです。

❹ キーワード・ゲームを行う。（4分）

　曜日の学習ということの確認を含め，曜日のキーワード・ゲームを行います。

T：Let's play Key Word Game. Make pairs and move your desks facing each other.

C：（児童はペアになる）

T：What day is it today ?

C：It's Tuesday.

T：O.K. Tuesday is a key word.（と言って始める）

② 展開 （15分）

❶ 【Let's Listen】（p.12）：曜日と何をするかを聞き取る。（5分）

　教師が問題を出し，やり方に気付かせます。最初は，I play the piano. のように分かりやすいものを聞かせ，「できた！」と思わせるようにしましょう。

T：Look at. Let's Listen.『1週間の予定について聞いて，番号を（　）に書こう』
　　「曜日クイズ」です。先生の英語を聞いて，何曜日か当ててください。
　　I play the piano. What day is it ?

C：Thursday !

T：Right ! I watch TV. What day is it ?

C：It's Sunday !

　やり方が分かったところで音声を聞かせ，No. 1 〜No. 5 まで行い，答え合わせをします。

❷ ALT の1週間の予定について尋ねる。（5分）

　ALT に1週間の予定を尋ね，写真等を黒板に貼りながら1週間の予定表を完成させます。

HRT：Jackson, what do you do on Mondays ?

ALT：On Mondays, I teach English to small children. （写真を見せる）

HRT：What do you do on Tuesdays ?

ALT：On Tuesday, I watch TV. （テレビ番組を紹介する）

　このように HRT と ALT の1週間の予定を紹介します。

❸ 【Let's Play】（p.12）：1週間の予定を絵で描く。（3分）

❹ 【Let's Play】（p.12）：何曜日に何をするか伝え合う。（2分）

　ペアで，友達の1週間の予定を尋ねたり，答えたりします。

C1：（挨拶を終えた後）What do you do on Mondays ?

C2：I go to *juku*.

③ まとめ （5分）

　振り返りカードに記入させます。
　数名に発表させ，学びを深める機会とします。

9 I like Mondays.　すきな曜日は何かな？

第3時

・目　標：好きな曜日やその理由を尋ねたり，答えたりする。
・準備物：□ワークシート

1 導入（15分）

❶ 挨拶する。英語の歌「Sunday, Monday, Tuesday」を歌う。（3分）

❷【Let's Chant】（p.11）：チャンツを歌う。（3分）

❸【Let's Watch and Think ①】（p.11）：世界の子どもたちの生活を知る。（5分）

5人目（Jessica：ジェシカ）を聞き，自分の生活と比較させるようにする。

	5人目
どこの国？	Brazil（ブラジル）
名前は？	Jessica（ジェシカ）
どんな曜日が聞こえてきた？	Saturdays
その他，分かったこと	サッカーをする。

T：みんなは，土曜日は何している？　What do you do on Saturdays？

C：I play with my friends. / I go shopping. / I play basketball.

T：I go out 外出 ... I go out and shopping on Saturdays.

❹ ミッシング・ゲームを行う。（4分）

〈やり方〉
①曜日カード（イラスト）を黒板に貼り，曜日の言い方を確認します。
② Go to sleep. と言って，児童に顔を机に伏せ，黒板を見ないようにします。
③曜日カードを1枚抜き取ります。
④ Wake up. と言って，黒板を見させ，1枚なくなっているカードはどれか，言い当てさせます。

慣れてきたら，曜日のイラストではなく，曜日の文字カードを見せて，ミッシング・ゲームをやることで，文字に慣れ親しませてもいいでしょう。

②展開（20分）

❶【Let's Watch and Think ②】（p.12）：どんな話をしていたか聞く。（10分）

　①の絵を見させ，どんな会話をしているのか，想像させるようにします。

T：Look at Takeru and Robert. 2人はどんな話をしているんだと思う？

C：テニスしよう。／ラケット2つあるよ。

T：O.K. Let's watch the video.（動画を見る）何て言っていた？

C：Let's play tennis … after. 何とか。／たけるは，ラケットは持っていないって！

T：O.K. Let's watch it one more time.

　②と③も同様に，どんな会話をしているか想像させながら行います。エミリーは日曜日に大好きなテレビ番組があるので，日曜日が好きであるということ。サヨはサッカーが好きで，水曜日にはサッカーをするので，水曜日が好きだという内容に気付かせます。

❷【Activity】（p.13）：好きな曜日とその理由を伝え合う。（10分）

T：みんなは何曜日が好きかな？　What days do you like？

C1：I like Tuesdays and Saturdays.

T：Why？

C1：I play the piano.

T：Oh, you play the piano. Do you play the piano？（児童に聞く）

C：（数名手をあげる）

T：I like Saturdays and Sundays. What days do you like, C2？（5〜6名に尋ねる）

　教材13ページを開けさせ，Activity をやるように言います。
　行う前に，デモンストレーションを行い，やり方をしっかり理解させてから行います。

C1：What days do you like？

C2：I like Thursdays.

C1：Why？

C2：I watch TV.

③まとめ（5分）

　振り返りカードに記入させます。
　数名に発表させ，学びを深める機会とします。

What time is it？　今，何時？

●言語材料

〔基本表現〕What time is it？ / It's 8：30. It's "Homework Time." / How about you？

〔語　　彙〕数字（forty, fifty, sixty），a.m.,p.m.，日課（wake up, breakfast, study, lunch, snack, dinner, homework, TV, bath, bed, dream）

〔既習事項〕Do you like Mondays？ / Yes, I do. / No, I don't. / I like Mondays. 数字（1～20）

●時数：4時間

1 単元の目標

・世界の国や地域によって時刻が異なることに気付くとともに，時刻や生活時間の言い方や尋ね方に慣れ親しむ。

・自分の好きな時間について，尋ねたり答えたりして伝え合う。

・相手に配慮しながら，自分の好きな時間について伝え合おうとする。

2 この単元のねらいと付けたい力

・世界には時差があることを知る。（知・技）

・時刻を尋ねたり，時刻を伝えたりする表現が分かる。（知・技）

・好きな時間について尋ねたり，答えたりして伝え合う。（思・判・表）

・時刻をゆっくりはっきり言う等，相手意識をもって伝えようとする。（主）

3 単元の指導計画

時間	○主な学習活動・●評価の対象	□指導内容・○評価・☆留意点
第1時	○英語の歌「I have a joy」 ○ Let's Chant （p.15） ○数字 1～100 ○数字ビンゴ（1～25） ● Let's Watch and Think ① 　（pp.14-15） ●児童の日課を尋ねる。	□1～100までの数字の言い方を知るとともに，時刻の尋ね方や答え方を知る。 ○午前午後を表す a.m. や p.m. について理解し，時刻の尋ね方や答え方を知っている。 　　　　　　　　　　　　　　　　　（知・技） ☆時刻を尋ねたり，ビンゴをしたりしながら，大きな数字に慣れ親しむようにする。
第2時	○英語の歌「I have a joy」	□1日の日課を尋ねたり，伝えたりする。

	○ Let's Chant（p.15） ○数字ビンゴ（26〜50） ○１〜60までの数字の確認 ●日課の言い方を確認 ●日課を伝え合う。	○時刻をゆっくりはっきり言う等，相手意識をもち，１日の日課を友達に伝えている。（思・判・表）（主） ☆起床，朝食，夕食，宿題，就寝などの時刻を尋ね合うようにし，昼間の共通する部分は省略する。
第3時	○英語の歌「I have a joy」 ○ Let's Chant（p.15） ○数字ビンゴ（51〜75） ○色々な時刻を言う。 ● Let's Watch and Think ②(p.16) ○英語ゲーム「We are the same.」	□世界には時差があり，地域で様々な生活をしていることに気付く。 ○日本が正午の時に，イギリスでは夜中の３時であること等，時差があることに気付いている。（知・技） ☆必要に応じ，どうして時差が生まれるのか，社会科的な授業になってしまってもよいので，理解させる。
第4時	○英語の歌「I have a joy」 ○ Let's Chant（p.15） ○数字ビンゴ（76〜100） ○ Activity（p.17） ●先生方の好きな時刻 ●みんなの好きな時刻と理由	□好きな時間帯を尋ねたり，理由を添えて答えたりする。 ○好きな時間帯を相手に伝わるよう工夫しながら，理由を添えて伝え合う。（思・判・表）（主） ☆活動のやり方を理解させたから，ペアやグループで活動させるようにする

\ ここで差がつく！指導＆教材活用のポイント /

世界の国々と日本との時差

　海外旅行に行って困るのが時差（time lag）です。また日付変更線をまたぐとなるとなおさらです。以下，主な国とその時差についてまとめてみました。なお，インターネット上には，日本の現在時刻に合わせて，主な都市の時刻が自動で出てくるサイトもあります。

　（参考：https：//www.jisakeisan.com/city/）

＊下記の時差は標準時であり，サマータイム使用時は別になります。

アメリカ（ニューヨーク）	−14時間	日本の時刻を14時間戻す。
アメリカ（サンフランシスコ）	−17時間	日本の時刻を17時間戻す。
オーストラリア（シドニー）	＋２時間	日本の時刻を２時間進める。
中国	−１時間	日本の時刻を１時間戻す。
イギリス	−９時間	日本の時刻を９時間戻す。
カナダ（オタワ）	−14時間	日本の時刻を14時間戻す。
ドイツ	−８時間	日本の時刻を８時間戻す。
インド	−３時間30分	日本の時刻を３時間30分戻す。

10 What time is it？ 今，何時？

第1時

・目　標：時刻や日課の言い方を知る。
・準備物：□日課を表す絵カード　□ワークシート②

1 導入（20分）

❶ 挨拶する。（2分）

英語係が進める挨拶の中で，次のように習った表現（曜日の言い方）を付け足します。

英語係：How's the weather？（**C**：It's sunny.）

英語係：What day is it today？（**C**：It's Tuesday.）

英語係：Let's start English lesson.（**C**：Yes, let's！）

英語係：It's "Song time."

❷ 英語の歌「I have a joy」を歌う。（3分）

❸ 数字「1～100」の言い方を練習する。（5分）（本書 p.9参照）

❹ 数字ビンゴをする。（10分）（本書 p.10参照）

　1～25の数字を5×5のマスにアットランダムに書き入れさせ，教師の言った数字を○していきます。最初にビンゴになった人から，10点，9点，8点…と点数をあげていきます。

2 展開（15分）

❶ 「ところで今，何時？」と時刻を確認する。（2分）

　あらかじめ，教室の時計をはずしておき，何時かどうか分からないようにしておきます。

T：What time is it？

C：（児童は時計を見るが，そこにはあるはずの時計がない）　　**C**：え～～～。

T：What time is it？

C：だいたい11時5分くらいだな。／11時3分じゃない？

T：What time is it？（時計を教卓の下から取り出し）It's eleven …
　　　（と言って，黒板に11：と書く）five！（05と書き，時計を見せる）

C：当たった！

❷【Let's Watch and Think①】(pp.14-15)午前(a.m.)午後(p.m.)の言い方に気付かせる。(2分)

教材14〜15ページを開かせ，紙面にある時計盤の見方を理解させます。

T：O.K. Point to "seven a.m." (と言って，デジタル教科書で指さす場所を見せる)

C：Seven が2つあるよ。

T：Oh, this is "seven a.m." and this is "seven p.m."

　　どこで a.m. から，p.m. に変わるのかな？　Now, point to "eight a.m."

C：(児童は午前8時を指さす)

T：O.K. Next …, point to "nine a.m."

以下，同様に指で指させ，正午の12時の時に，Point to "twelve p.m." と，p.m. を強調して言います。そして，「あれ？p.m. になったぞ」と気付かせ，午前は a.m. 午後は，p.m. ということを理解させます。

unit 4

❸【Let's Watch and Think ①】(pp.14-15)：時刻と日課を線で結ぶ。(8分)

動画を見させ，時刻と日課を線で結ばせます。

出てきた日課は順番に黒板に貼っていきます。

〈板書〉＊絵カードを黒板に貼る。

❹ 児童の日課について，尋ねる。(3分)

終わったら，「みんなはどうやって過ごしているかな？」と言って，日課を尋ねていきます。

T：My "Wake-up Time" is 5 a.m.

　　What time is your "Wake -up Time ？"

C：My "Wake-up Time" is 6 a.m. / It's 7 a.m./ It's 6：30.

T：次の時間は，みんなの日課について伝え合ってみましょう。

3 まとめ（5分）

振り返りカードに記入させます。

数名に発表させ，学びを深める機会とします。

11 What time is it？　今，何時？

第2時

・目　標：相手意識をもち，日課を伝え合う。
・準備物：□ワークシート①②

1 導入（17分）

❶ 挨拶する。英語の歌「I have a joy」を歌う。（3分）

❷【Let's Chant】（p.15）：チャンツを歌う。（2分）

❸ 数字ビンゴをする。（10分）（本書 p.10参照）

　26～50を黒板に書き，数字の言い方を復習してから，ビンゴを行います。

　数字を黒板に書いておくと，ビンゴで言った数字は○をしたり，印をつけたりすることができるので便利です。

❹ 1～60までの数字の言い方を確認する。（2分）

　簡単に1～60まで確認します。

T：Let's say numbers from one to twenty. One …

C：One … two … three …. Twenty.

T：Good. Can you say さんじゅう（30）in English？

C：Thirty.

T：Good.（と言って，黒板に40と書く）

C：Forty.

　以下，60までの数字の言い方を確認します。

2 展開（18分）

❶ 時刻を尋ねる。（1分）

　前回と同様に，時計をさりげなく外しておいて，尋ねます。

T：Oh, what time is it？

C：Well, it's …. 11：10（eleven ten）.

② 日課を表す表現を確認する。（2分）

　日課を表す絵カードを見せながら，どんな時間であるか確認し，黒板に貼ります。この時，児童の日課を尋ねたりしながら，前時の学習を振り返らせます。

T：What time is this？（と言って，起床の絵カードを見せる）

C：Wake-up Time！

T：Good. What time is your "Wake-up Time？"
　　　My "Wake-up Time" is 5 a.m.

C：My "Wake-up Time" is 6：30.

③ 日課を伝え合う。（15分）

　ワークシートを配り，教師の日課を聞き取らせます。

T：My "Wake-up Time" is 5 a.m.　　　**C**：（児童は5：00と書く）
　　　自分の日課の時刻を書かせます。
　　　児童同士で，伝え合います。

C1：My "Wake-up Time" is 6 a.m.　　**C2**：My "Wake-up Time" is 6：45.

C1：My "Breakfast Time" is 6：20.　　**C2**：My "Breakfast Time" is 7 a.m.

日課について伝え合おう

★1　先生の日課に聞き取って，時こくを書いていきましょう。
★2　あなたの日課を書きましょう。
★3　友達の日課をたずねてみましょう。

	Wake-up Time	Breakfast Time	Study Time	Lunch Time	Snack Time	Homework Time	Dinner Time	Bath Time	Bed Time	Dream Time
先生	：	：	8：30～15：00	12：50	：	：	：	：	：	：
あなた										

3 まとめ（5分）

　振り返りカードに記入させます。
　数名に発表させ，学びを深める機会とします。

12 What time is it？　今，何時？

第3時

・目　標：世界の国や地域によって時刻が異なることに気付く。
・準備物：□日課の絵カード　□ワークシート②

1 導入（20分）

❶ 挨拶する。英語の歌「I have a joy」を歌う。（3分）

❷ 【Let's Chant】（p.15）：チャンツを歌う。（2分）

❸ 数字ビンゴをする。（10分）

　51〜75を黒板に書き，数字の言い方を復習してから，ビンゴを行います。

❹ 色々な時刻を言わせる。（5分）

　黒板に時刻を書きます。それを，英語で言わせていきます。

T：（5：00と書く）What time is it？　　（**C**：It's five.）
T：（6：00と書く）What time is it？　　（**C**：It's six.）

> **＼ ポイント ／**
> 　活動に飽きがこないように，途中で，7時11分（seven eleven）や，2時2分（two two），
> 12時12分（twelve twelve）などを織り交ぜ，言わせていきます。

2 展開（15分）

❶ 【Let's Watch and Think ②】（p.16）：世界の色々な時刻を聞き取る。（12分）

　4人（Grace, Graham, Jane, Chris）が順番に時刻と行動をリレー形式で，伝えています。
まず，日本は何時であるか確認しておきましょう。

T：What time is it in Tokyo？　（**C**：It's twelve p.m.）
T：Yes. It's twelve p.m. What time is it in London？
　　Can you point to "London？" Where is it？　（**C**：児童はロンドンを指さす）
T：Can you point to San Francisco？　（**C**：児童はサンフランシスコを指さす）
T：Can you point to New York？　（**C**：児童はニューヨークを指さす）

T：日本がお昼の12時の時，ロンドンやサンフランシスコ，ニューヨークは何時なんだろうね。動画を見て，時刻と何をしている時間か線で結びましょう。

　動画を視聴させ，時刻と行動を線で結ばせます。

　気付いたことを発表させます。

〈予想される児童の気付き〉

・同じ国なのに，アメリカでは時間が違っている。

・日本がお昼の時，イギリスでは夜中だ。　　　・イギリスも，アメリカも夜。

・今，イギリスは何時だろう？　　　　　　　・中国は，何時かな？

　時間や環境的に可能であれば，ALTの国の人と，インターネットを通じて，ライブで現地の様子を伝えてもらえると児童も「本当に夜だ」と感じたりするので，児童に体験的に時差を理解させる機会とします。

> \ ポイント /
> 　日本が昼なのに，イギリスはどうして夜中なのか理解に悩む児童がいる場合には，社会科的な授業になってしまっても，太陽の位置を掲示するなどして，もやもやを解消することを優先しましょう。

❷ We are the same ゲームで時刻を聞いて，何をしている時間か答える。（3分）

　日課を表すイラストを黒板に貼ります。

　教師が時刻を言って，児童は，何をしている時間かペアで言い合います。

　同じことをしていたら，We are the same. と言って，ハイタッチをします。

　　T：It's 6 a.m.

　　C1：It's "Wake-up Time."　　**C2**：It's "Bed Time."

　　T：It's 7 a.m.

　　C1：It's "Breakfast Time."　　**C2**：Me too. It's "Breakfast Time."

C1&C2：We are the same.（ハイタッチする）

❸ まとめ（5分）

　振り返りカードに記入させます。

　数名に発表させ，学びを深める機会とします。

13 What time is it? 今，何時？

第4時

・目　標：相手に伝わるよう工夫しながら，好きな時間帯と理由を伝え合う。
・準備物：□シール　□ワークシート②

1 導入（15分）

❶ 挨拶する。英語の歌「I have a joy」を歌う。（3分）

❷【Let's Chant】（p.15）：チャンツを歌う。（2分）

❸ 数字ビンゴをする。（10分）

76～100を黒板に書き，数字の言い方を復習してから，ビンゴを行います。

2 展開（20分）

❶【Let's Listen】（p.16）：時刻を聞いて，時計を完成させる。（2分）

次のような会話を聞き，時計盤に時刻を書き入れさせます。

〈No.1〉　**Sayo**：I like 3 p.m.

　　　　友達：Why ?

　　　　Sayo：It's "Snack Time." I like sweets.

ここでは，好きな時間帯を言いながら，その理由を尋ねたり，答えたりしています。児童にも，このように，好きな時間帯とその理由を言わせる活動にもっていきます。

❷ 先生方の好きな時刻と理由を知る。（3分）

身近な人を取り上げ，その人の好きな時間帯と理由をビデオで紹介します。

今では気軽に動画も撮影できるので，お願いをして撮って児童に見せましょう。

〈ビデオ1〉

校長先生：I like 8 a.m.

　　HRT：Why ?

校長先生：It's "Morning Time." I like meeting my students.

　　　　　（校門で挨拶している写真を見せる）

〈ビデオ２〉

隣の先生：I like 9 p.m.

    HRT：Why ?

隣の先生：It's " TV Time."

          I like watching TV.

〈ビデオ３〉

学年主任：I like 7 p.m.

    HRT：Why ?

学年主任：It's "Cooking Time."

          I like cooking.

❸【Activity】（p.17）：**好きな時刻と理由を伝え合う。（５分）**

教材17ページを開けさせ，自分のお気に入りの時間を書き，理由を日本語で書かせます。
会話のやり方を教えます。

〈板書〉

A：I like 〔＿＿＿＿〕a.m. / p. m.
B：Why ?
A：It's "〔＿＿＿＿〕Time." I like 〔＿＿＿＿〕.

unit 4

数名の児童でやってみて，どの程度言えるか確認します。

デモンストレーションで，やり方を確認します。

隣のペアとやった後，自由に立って，友達１人とやったら座ります。

❹ **好きな時刻と理由を発表する。（10分）**

班ごとに前に出て来させ，１人ずつ好きな時刻と理由を発表していきます。その後，好きな時間帯にシールを貼り，どの時間が児童は好きなのか調査します。

6：00~	7：00~	8：00~	9：00~	10：00~	11：00~	12：00~	1：00p.m.	2：00

3：00	4：00~	5：00~	6：00~	7：00~	8：00~	9：00~	10：00~	11：00~

❸ まとめ（５分）

振り返りカードに記入させます。

数名に発表させ，学びを深める機会とします。

Do you have a pen？　おすすめの文房具セットをつくろう

●言語材料

〔基本表現〕Do you have a pen？ / Yes, I do. / No, I don't. / This is for you.

〔語　　彙〕文房具（glue stick, scissors, pen, stapler, magnet, marker, pencil sharpener, pencil case, desk, chair, clock, calendar），動詞（have），形（short）

〔既習事項〕This is for you. / 文房具（pencil, eraser, ruler, crayon）

●時数：4時間

1 単元の目標

・文房具などの学校で使う物や，持ち物を尋ねたり答えたりする表現に慣れ親しむ。

・文房具など学校で使う物について，尋ねたり答えたりして伝え合う。

・相手に配慮しながら，文房具など学校で使う物について伝え合おうとする。

2 この単元のねらいと付けたい力

・「～を持っていますか」と相手に尋ねる言い方を理解する。（知・技）

・身近な文房具の語彙を理解する。（知・技）

・複数の時には，/s/, /z/, /iz/ がつき，音が変わることに気付く。（知・技）

・ペンケースやカバンの中に入っているものを I have を使って伝える。（思・判・表）

・相手に上手に物を見せながら，英語で伝えようとする。（主）

3 単元の指導計画

時間	○主な学習活動・●評価の対象	□指導内容・○評価・☆留意点
第1時	○英語の歌「The Farmer in the dell」 ●文房具の英単語 ○ Let's Watch and Think ①（p.18） ●ポインティング・ゲーム ●キーワード・ゲーム	□文房具の語彙を理解し，複数の時は単語の最後の音が変わることに気付く。 ○文房具の語彙を言ったり，複数の時の音を聞いて違いに気付いたりしている。（知・技） ☆複数の s については，音が違うということへの理解にとどまる程度にし，文法的な理解を求めないようにする。
第2時	○英語の歌「The Farmer in the dell」	□ Do you have～？を使って，持っているものを尋ねたり答えたりする表現に慣れ親しむ。

	○ミッシング・ゲーム ● Let's Chant（p.19） ●文房具ゲーム ○カードの発表	○「〜を持っていますか」という時は，Do you have〜？を使うことを理解し，慣れ親しんでいる。　　　　　　　（知・技） ☆ゲームでは，無目的にカード集めをせず，欲しいカードを集めさせるようにする。
第3時	○英語の歌「The Farmer in the dell」 ○ Let's Chant（p.19） ○ Small Talk「ペンケースに入ってるもの」 ○ Let's Listen（p.20） ● Let's Play ②（p.21）	□相手意識をもち，自分の文房具セットを発表する。 ○自分が作った文房具セットを，友達にしっかり見せながら発表している。（思・判・表）（主） ☆相手意識をもって話すとは，どういうことに気をつけたらよいのか児童に気付かせたり，伝えたりしてから活動に入り，終わったら評価をする。
第4時	○英語の歌「The Farmer in the dell」 ○ Let's Chant（p.19） ● Let's Watch and Think ②（p.20） ○先生方のカバンの中身 ○児童のカバンの中身 ○カバンの中身をプレゼントしよう。	□世界の子どもたちと自分たちとの共通点や相違点に気付く。 ○世界の子どもたちの学校生活は日本の学校に比べ，様々な違いがあることに気付く。（知・技） ☆ここで，Let's Wateh and Think をさせる。 □カバンの中身を伝え合いながら，I have の表現に慣れ親しませる。 ○友達とカバンの中身について伝え合っている。 　　　　　　　　　　　　　　（思・判・表） ☆既習事項を用いながら，英語で思いを伝え合わせる。 ☆活動のやり方を理解させたから，ペアやグループで活動させるようにする

＼ ここで差がつく！指導＆教材活用のポイント ／

何で英語には複数形があるの？

　日本語では1本でも2本でもペンは「ペン」ですが，英語では，1本は，pen であって，2本以上になると pens となります。これはいったいどうしてなのでしょう。一説によると，農耕民族と牧畜民族の違いという人もいます。農耕民族は，野菜の種を播き，それらを間引きます。その時に，いちいち1本，2本というように数えたりはしません。しかし，牧畜民族の人たちは，牛が一頭，牛が二頭のように，数をきちんと数える習慣があり，数にきびしくなったということです。なので，I play with my friend. なのか，I play with my friends. なのかをしっかり区別をするのです。

14 Do you have a pen?
おすすめの文房具セットをつくろう

第1時

・目　標：文房具の言い方に慣れ親しむ。
・準備物：□文房具が入っている箱　□文房具の絵カード

1 導入（15分）

❶ 挨拶する。（2分）

❷ 英語の歌「The Farmer in the dell」を歌う。（5分）

❸ 英語で文房具の言い方について触れる。（8分）

　箱の中に色々な文房具を入れておき，1つずつ取り出しながら，英語での言い方を確認していきます。

T：What do I have in this box？（と言って，箱を見せる）

　　What's this？（と言って，鉛筆を取り出す）

C：It's a pencil.

T：Yes. I have one, two, three, four, five, six, seven, eight ….

　　I have eight pencils.（鉛筆の絵カードを貼る）

　　What' this？（と言って，消しゴムを見せる）

C：It's an eraser.

T：Yes. I have one, two, three, four. I have four erasers.（消しゴムの絵カードを貼る）

　次のような文房具を扱います。

① 鉛筆	② 消しゴム	③ ペン	④ 赤鉛筆
(pencil)	(eraser)	(pen)	(red pencil)
⑤ 糊	⑥ 定規	⑦ 磁石	⑧ ホッチキス
(stick glue)	(ruler)	(magnet)	(stapler)
⑨ 蛍光ペン	⑩ ノート	⑪ 鉛筆箱	⑫ 鉛筆削り
(marker)	(notebook)	(pencil case)	(pencil sharpener)

②展開（20分）

❶【Let's Watch and Think ①】（p.18）：文房具がいくつあるか考える。（10分）

4人の子どもたちが文房具屋を開いています。

その動画を見て，何がいくつあるか数を数えたりしながら，複数の /s/ や /z/，/iz/ の音に気付かせるようにします。

何か気付いたことはないかどうか尋ねてみます。

〈期待する児童の様子〉

・ノートは，ノートブックでなく，ノートブックスって，言っていた。

・マグネットは，マグネッツと言っていた。

・ステイプラーの場合は，ステイプラーズって，なっていた。

・1つの時は，カレンダーだけど，いくつかある時は，カレンダーズって言う。

❷ ポインティング・ゲームをする。（5分）

Let's Watch and Think で，2つ以上の時は，/s/ や，/z/，/iz/ がつくことに気付いたら，実際に聞き分けて，絵を指で押さえさせてみましょう。

教師が pen と言った時には，1本のペン。教師が pens と言った時には，複数のペンを指さすポインティング・ゲームを行います。

T：Let's play Pointing Game. Open your books to pages 18 and 19.

先生が，pen と言った時は，どれか1本のペンを指で押さえてください。もし pens って言ったら？（C：2本以上のペン）そうだね。2本以上のペンを押さえてください。

一度置いた指は，動かせません。First one is … staplers.

❸ キーワード・ゲームを行う。（5分）

黒板に文房具の絵カードを貼りながら，英語での言い方を確認した後に，キーワード・ゲームを行います。

T：Look. This is a ruler. Repeat.　Ruler.（**C**：Ruler.）

T：定規（消しゴムの絵カードを黒板に貼る）

③まとめ（5分）

振り返りカードに記入させます。

数名に発表させ，学びを深める機会とします。

15 Do you have a pen?
おすすめの文房具セットをつくろう

第2時

・目　標：「〜は持っていますか」の表現に慣れ親しむ。
・準備物：□文房具ゲーム用カード（児童数×5枚）

1 導入（15分）

❶ 挨拶する。（2分）

❷ 英語の歌「The Farmer in the dell」を歌う。（3分）

❸ ミッシング・ゲームを行う。（5分）

　文房具絵カードを貼りながら，英語で言わせる等，文房具の言い方の復習を行った後に，ミッシング・ゲームを行います。

T：What's this？（定規の絵カードを見せる）

C：It's a ruler.

T：（定規の絵カードを黒板に貼る）

❹ 【Let's Chant】（p.19）：チャンツを歌う。（5分）

　同じような文を繰り返すことで，Do you have〜？ / Yes, I do. / No, I don't. の表現に慣れ親しませます。

2 展開（20分）

❶ 文房具ゲームをする。（15分）

　次のような文房具カードを1人5枚ずつ配ります。

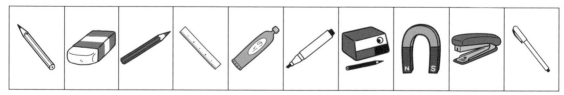

〈やり方〉

① 自由に立って，友達とジャンケンします。

② ジャンケンに勝った人は，Do you have a pen？ Do you have a ruler？ Do you have a stapler？ 等と３回まで質問できます。

③ 質問したものを相手が持っていたら，そのカードがもらえます。

④ もらった人は，手持ちの中で，いらなそうなカードを相手に１枚渡します。

⑤ ３回まで質問できますので，１回目で当たったら，そこでおしまいです。

⑥ 集め方では，次のように集めると得点になります。

　　ワンペア………………………同じカードが２枚（10点）

　　ツーペア………………………同じカードが２枚を２種類（20点）

　　スリーカード…………………同じカードが３枚（30点）

　　フォーカード…………………同じカードが４枚（40点）

　　フルハウス……………………同じカードが３枚，同じカードが２枚（50点）

　　ストレート……………………鉛筆　消しゴム　赤鉛筆　定規　糊（60点）

　　ロイヤルストレート……磁石　蛍光ペン　ホッチキス　ペン　鉛筆削り（100点）

ゲームを始める前には，実際に近くの児童とやってみて，やり方を見せるとよいです。

時間を５分くらいとることを告げた後，全員を立たせ，ゲームを開始します。

教師も児童と一緒に参加するとよいでしょう。

約５分後，席に着かせ，集めたカードを机の上に置かせます。

❷ 持っているカードを発表させる。（5分）

ロイヤルストレートの児童から順番に，カードを見せながら，発表していくようにします。

この時，他者への配慮（外国語の目標ですが）から，カードをしっかり見せることを児童に指導します。

例１）　ロイヤルストレート

　　　Hello. I have a magnet. I have a marker. I have a stapler. I have a pen.
　　　I have a pencil sharpener.

例２）　ツーペア

　　　Hello. I have two pencils. I have two erasers. I have one stapler.

❸ まとめ（5分）

振り返りカードに記入させます。数名に発表させ，学びを深める機会とします。

16 Do you have a pen?
おすすめの文房具セットをつくろう

| 第3時 |

・目　標：文房具セットを作り，発表し合う。
・準備物：□文房具の絵カード

1 導入（15分）

❶ 挨拶する。（2分）

❷ 英語の歌「The Farmer in the dell」を歌う。（3分）

❸ 【Let's Chant】（p.19）：チャンツを歌う。（2分）

❹ 児童のペンケースに入っているものを尋ねる。（8分）

　学校には，学年のルールでペンケースに入れてくるものを指定している場合があります。

　2学期半ばですので，そんな学校ルールを確認するという形もよいでしょう。

T：ペンケースの中に入れてくるものってルールがありましたね。

　　　What do you have in your pencil case？　英語で言えるかな？

C：Pencils.

T：How many pencils？

C：Three pencils …. One eraser. Two red pencils. One ruler.

　　　児童のペンケースの中身を確認します。

T：What do you have in your pencil case, C 1？

C1：I have three pencils, one eraser. One ruler. One stick glue. Two red pencils.

　　　One pencil sharpener.

T：You are nice. How about you, C 2？

2 展開（20分）

❶ 【Let's Listen】（p.20）：誰のペンケースであるか聞き取る。（8分）

　教材20ページを開けさせます。

　①〜④の中に何が入っているか確認します。

T：Look at the pencil case No. 1 .　How many pencils ?

C：Four.

T：What colors are they ?

C：Red and yellow.

Let's Listen の音声を聞き，持ち主を探します。

答えは，①ロバート　②さよ　③たける　④ひなた　になります。

❷ 先生問題を出す。（2分）

先生問題を出します。

T：先生が1つペンケースを選びます。どれだか当ててみましょう。分かったら手をあげてください。I have one ruler. I have one glue stick.

C：（児童は手をあげ始める）

T：I have two pencils and two pens. They are red and pink.

C：（児童は手をあげる）

T：What's the number ?

C：No. 4.

T：Right.

❸ 【Let's Play ②】（p.21）：文房具セットを作り，友達に発表する。（10分）

自分のお好みの文房具セットを作ります。

巻末のカードを切り取って，教材21ページに貼っていきます。

時間を5分間とします。

4人グループで，1人ずつ発表させます。

この時，相手意識をもち，作った文房具セットを相手に見やすいように見せるなどの配慮を行うように，事前に伝えておきます。

❸ まとめ（5分）

振り返りカードに記入させます。

数名に発表させ，学びを深める機会とします。

unit 5

17 Do you have a pen？
おすすめの文房具セットをつくろう

第4時

・目　　標：外国の学校生活について日本との違いに気付く。カバンの中身について伝え合う。
・準備物：□先生方のカバンの中の持ち物紹介ビデオ　□ワークシート

1 導入（15分）

❶ 挨拶する。（2分）

❷ 英語の歌「The Farmer in the dell」を歌う。（3分）

❸【Let's Chant】（p.19）：チャンツを歌う。（2分）

❹【Let's Watch and Think ②】（p.20）：世界の子どもたちのカバンの中身を知る。（8分）

動画を見させ，気付いたことを発表させるようにします。

次のようなワークシートを作り，書かせていくといいでしょう。

世界の子どものカバンの中身を聞き取ってみよう			
	①	②	③
①どこの国？	スウェーデン	韓国	アメリカ
②どんなものが入っているかな？			
③気付いたこと			
★みんなのカバンには，何を入れて学校に来ますか？			

〈期待される児童の気付き〉

動画①　・バナナやりんごを持って来ている。　・りんごはどうやって食べるんだろう。
　　・いつ食べるのかな？　・給食がないんだと思う。　・教科書はどうしているのかな？

動画② ・水筒を water bottle って言っていた。 ・韓国でも教科書は持って行かないんだ。

・上履きのことを indoor shoes って言っていた

動画③ ・アメリカでも教科書はない。 ・宿題を入れるものがあった。

・やっぱりりんごを食べるんだ。給食はないのかな。

② 展開（20分）

❶ 教師のカバンの中身を動画で紹介する。（5分）

児童は身近な教師の話題には，興味を引かれるものです。教師（自分）の持ち物を動画で撮り，映像を見せましょう。

身近な先生で，協力してもらえそうな先生にはお願いして，ビデオに録らせてもらうといいでしょう。

〈ビデオ例〉

Hello. This is my bag. It is very heavy. I have five books.（と言って見せる）

I have one pencil case. I have two notebooks. I have two plastic bags. 買い物に使います。

I have one computer. I have one dictionary. I have four color markers. I have medicine. よく頭が痛くなるのでいつも入れておきます。I have one wallet. I have a folder with cards. I have coins. My bag is always heavy. Bye !

❷ カバンの中身を伝え合う。（5分）

T：では，みんなのカバンの中身を英語で紹介しましょう。Go to the locker and put your things in your bag. I'll give you 3 minutes.

C：（児童はカバンをロッカーに取りに行き，荷物をカバンに入れる）

❸ カバンの中身をプレゼントする。（10分）

友達のカバンに入れるものを絵で描き，プレゼントで渡します。

C：Hi, This is for you. A comic book, two apples, one candy....

C2：Oh, thank you.

③ まとめ（5分）

振り返りカードに記入させます。

数名に発表させ，学びを深める機会とします。

Alphabet　アルファベットで文字遊びをしよう

●言語材料

〔基本表現〕How many letters？ / Do you have a (b)？ / That's right. Sorry. / Try again.

〔語　　彙〕小文字（a〜z）, letter, try, again, 身近なもの（bookstore, juice, news, school, station, taxi, telephone）

〔既習事項〕What's this？ / Hint, please. up, / down, left, right, shop

●時数：4時間

1 単元の目標

・身の回りには活字体の文字で表されているものがあることに気付き，活字体の小文字とその読み方に慣れ親しむ。

・身の回りにあるアルファベットの文字クイズを出したり答えたりする。

・相手に配慮しながら，アルファベットの文字について伝え合おうとする。

2 この単元のねらいと付けたい力

・アルファベットが読まれるのを聞いて小文字を認識することができる。（知・技）

・アルファベットの小文字を見て，読み方が分かる。（知・技）

・身近にアルファベットの小文字が使われていることを知る。（知・技）

・単語当てクイズで，Do you have 〜？を用いて尋ね合っている。（思・判・表）

・アルファベットをはっきりと発音しながら，相手に配慮した文字クイズをする。（主）

3 単元の指導計画

時間	○主な学習活動・●評価の対象	□指導内容・○評価・☆留意点
第1時	○英語の歌「Do, Re, Mi」 ○大文字アルファベット・クイズ ○小文字アルファベット・クイズ ●ポインティング・ゲーム ○小文字の読みの確認 ●小文字ビンゴ	□アルファベットには大文字と小文字があることに気付き，活字体の小文字と読み方に慣れ親しむ。 ○アルファベットの名称を聞いて，小文字を認識する等，小文字に慣れ親しんでいる。 　　　　　　　　　　　　　　　（知・技） ☆似ている文字（b,d/p,q）は，次ページにあるように，指や手，腕を使ってイメージづけるとよい。

第2時	○英語の歌「Do, Re, Mi」 ●おはじき（鉛筆）ゲーム ●小文字ビンゴ ○ Let's Listen（p.24） ○単語探しゲーム ○宿題の提示	□単語クイズを通し，小文字と読み方に慣れ親しむ。 ○アルファベットの名称を聞いて，小文字を認識する等，小文字に慣れ親しんでいる。 （知・技） ☆活動の前には，児童とやり取りを行う等，やり方をしっかり示してから行う。
第3時	○英語の歌「Do, Re, Mi」 ○小文字の認識 ○小文字ビンゴ ● Activity ①（p.25） ● Activity ②（p.25） ○小文字の成り立ち	□はっきりとアルファベットを伝えながら，単語クイズを行う。 ○相手が理解しやすいように，アルファベットをはっきりと言うようにしている。 （思・判・表）（主） ☆ g と z，m と n，b と v の音の違いに留意させ，単語当てクイズを行わせる。
第4時	○英語の歌「Do, Re, Mi」 ○小文字の認識 ○小文字ビンゴ ○動物当てクイズ ●小文字の仲間分け	□小文字の仲間分けを通じ，小文字の形に注目する。 ○小文字の形の特徴をつかんでいる。（知・技） ☆大文字でやった仲間分けを思い出させながら，小文字の仲間分けを行う。

＼ ここで差がつく！指導＆教材活用のポイント ／

似たもの小文字をこうして見分ける

　ｂとｄは，小学生だけでなく，中学生でも間違えやすい小文字です。そこで，ｂとｄを区別するため，ａｂｃｄと言いながら，次のように，指で文字を作ってみるとよいでしょう。

18 Alphabet　アルファベットで文字遊びをしよう

第1時

・目　標：アルファベットの読み方を聞いて，小文字を認識することに慣れ親しむ。
・準備物：□身近な看板の写真　□小文字カード　□ワークシート①

1 導入（10分）

❶ 挨拶する。（2分）

❷ 英語の歌「Do Re Mi」を歌う。（5分）

❸ 3年生の復習として大文字アルファベット・クイズをする。（3分）

　次のように，身近な看板の一部を隠し，どんな文字が隠れているか問題を出します。

AE■

　大文字だけが使われているお店には，LAWSON（ローソン），MINI STOP（ミニストップ），SEGA（セガ），KFC（ケンタッキーフライドチキン）などがあります。

2 展開（25分）

❶ 小文字アルファベット・クイズで小文字を導入する。（3分）

　小文字が使われている看板には，ファミリーマート（FamilyMart）や，マクドナルド（McDonald's），最後のnだけ小文字のセブンイレブン（ELEVEn）など身近なお店や看板を使って，日本語にも平仮名やカタカナがあるように，アルファベットにも，大文字と小文字があることを理解させます。

❷ ポインティング・ゲームをする。（5分）

　パノラマページ（pp.22-23）を開かせ，教師が言ったものを見つけさせ，町にどんなものがあるか，その全体像を確認していきます。

T：Point to the pictures what I say. First, station !

C：（児童は station を探し，右上の station を指す）

T：What is "Station" in Japanese ?

C：駅！

T：Yes. You're right. Station is 駅．　O.K. Next … , telephone！

C：I got it！ I found it！

❸ アルファベットの小文字カードで読み方を確認する。（2分）

Unit 6では，アルファベットの小文字を勉強することを伝えます。

小文字カードを黒板に貼りながら，教師の後に繰り返させます。

❹ 小文字アルファベットビンゴをする。（15分）

　数字ビンゴと同様に，1枚のワークシートに4回できるビンゴシートを作成し，児童に配ります。4年生にはアルファベットを書くことまでは求められていませんが，教師が読み上げた文字を探し当てるという学習を行うため，ビンゴという方法をとっています。

〈やり方〉

・5×5のマスにアルファベット a～z から25個を選び（＝1つだけ余る）書かせます。

・教師が読み上げたアルファベットを○します。

・○が縦，横，斜め，どこか一列並べば，ビンゴになります。

・最初にビンゴになった児童は10点，次は9点，8点…と1点ずつ減らし，最後1点になったら終了です。

・書かせないで行うビンゴには，カードビンゴがあります。（本書11ページ参照）

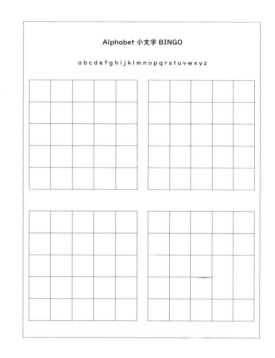

❸ まとめ（5分）

振り返りカードに記入させます。

数名に発表させ，学びを深める機会とします。

19 Alphabet　アルファベットで文字遊びをしよう

第2時

・目　標：クイズを出し合うことを通じ，小文字を認識することに慣れ親しむ。

・準備物：□小文字カード　□ワークシート①（配布済み）

1 導入（20分）

❶ 挨拶する。（2分）

❷ 英語の歌「Do Re Mi」を歌う。（3分）

❸ おはじきゲーム（鉛筆ゲーム）をする。（5分）

　教材22〜23ページを開けさせます。音を聞いて，その音を表すアルファベットの小文字を認識することに慣れ親しませます。

> 〈やり方〉
> ①小文字の a〜z の上に鉛筆を5本置かせます。鉛筆が5本ない場合は，赤鉛筆，消しゴムを合わせて，合計5カ所に自由に置かせます。
> ②教師がアルファベットを読み上げていきます。
> ③教師の言った文字の上に，鉛筆等があれば，それをとっていきます。
> ④早く鉛筆等がなくなった人が勝ちとなります。
> ⑤最初になくなった人から10点，9点，8点…と1点ずつ減らし，最後1点になったらおしまいにします。
> ⑥もし，最後まで鉛筆が残っていた人は，スペシャルポイントで20点とすると，最後の方では，「どうか言わないでくれ〜」と願う児童が出てくるでしょう。

❹ 小文字アルファベットビンゴをする。（10分）

　アルファベットの小文字を書くことに慣れ親しませ，また小文字を認識することに慣れ親しませます。

2 展開（15分）

❶ 【Let's Listen】（p.24）：クイズを聞いて，看板や標示を当てる。（5分）

　ここでは，CD を用いずに，教師や ALT の生の声で問題を出していきたいです。

HRT：Open your books to page 24. Look at "Let's Listen" on your books.

I'll give you quizzes, guess what I am. For example, No. 1.

I have four letters.（と言って，黒板に ＿＿＿ ＿＿＿ ＿＿＿ ＿＿＿ と描く）

I have "T"（T の文字を黒板に貼る）and an "X"（X の文字を貼る）.

What am I？

C：Taxi！

HRT：Good！I am "TAXI".（と言って，黒板に TAXI と書く）

O.K. No. 2 from Jackson *sensei*.

ALT：No. 2. I have a "t". I have three "e" s.

C：あれだ！ 分かった！

ALT：I have a "p". I have nine letters. What am I？

5問程やりながら，やり方が分かったところで，児童同士にやらせます。

使える表現を黒板に書いておくといいでしょう。

〈板書〉

入っている文字	I have ～.	分かった時	I got it !
同じ文字がある時	I have（数字）＋（文字）		I found it !
何文字？	I have（数字）letters.	ヒント	More hints, please.

❷ パノラマページを用いて，単語探しゲームを行う。（8分）

教材23〜24ページを開けさせ，Let's Listen でやったようなことをペアで行います。

交互にペアで問題を出していくようにします。

もし，探しづらいようなら，最初は22ページだけから問題を出すように細分化します。

❸ 宿題を提示する。身近にある英語を集めてくるように言う。（2分）

標識や看板，広告や新聞等から，英語を集めて，画用紙に印刷した英語シートに，切り取った英語を貼ってくるよう宿題の提示を行います。

その際，あらかじめ教師の作成した英語シートを見せ，作成イメージをもたせます。

3 まとめ（5分）

振り返りカードに記入させます。数名に発表させ，学びを深める機会とします。

unit 6

20 Alphabet　アルファベットで文字遊びをしよう

第３時

・目　標：文字当てクイズを通じ，小文字を認識することに慣れ親しむ。
・準備物：□小文字カード　□ワークシート①　□ワークシート②

1 導入（15分）

❶ 挨拶する。（２分）

❷ 英語の歌「Do Re Mi」を歌う。（３分）

❸ アルファベットの小文字を見て認識する。（３分）

　小文字カードを見せ，読めるかどうか言わせていきます。

　最初は，a・b・c順でやっていき，２回目は，バラバラに提示し，文字を認識できるか難易度をあげていきます。

　読み上げた文字は，黒板に貼っていきます。

❹ 小文字アルファベットビンゴをする。（７分）

　ビンゴの３回目を行います。

　だんだん慣れてきたら，「４分で文字を写しましょう」と言って，「早く・ていねい」に書けることも能力のうちの１つであることを教えていきましょう。

2 展開（20分）

❶ 【Activity ①】（p.25）：文字を尋ねながら，看板や標示を当てる。（５分）

教材25ページを開かせます。

児童に，看板や標示の中から１つ選ぶように指示します。

１人の児童を指名し，教師が児童の選んだ看板や標示を当てていきます。

T：Do you have an "o"？　　　**C1**：No, I don't.

T：Do you have a "w"？　　　**C1**：No, I don't.

T：Do you have a "j？　　　**C1**：Yes, I do.

T：みんな分かった？　　　　　**C**：Juice.

T：Juice？　　　　　　　　　**C1**：Yes. That's right！

ペアになって，問題を出し合います。

１問ずつ出したら，やめさせます。

❷【Activity ②】(p.25)：文字を尋ねながら，色を当てる。(5分)

色の名前を確認します。

児童に１つ色を選ばせます。

Activity ①と同様に，文字を尋ねながら，相手の選んだ色を当てるゲームを行います。

近くの児童をやって見せながら，やり方を確認します。

授業に変化をつけるために横のペアでなく，縦のペアで行います。

時間を３分間で，交互に尋ね合います。

❸ 小文字の成り立ちを教える。(10分)

　話すことが続いたので，ここで小文字の成り立ちを説明しながら，児童にも考えさせるようにします。小文字は大文字の一部が変化してできたことを伝え，小文字の成り立ちを解説していきます。

　どんな文字が，どのように変化していったのか，児童に変化の過程を書かせると面白いです。

　必要に応じ，ワークシート（本書113ページ）を配付し，考えさせてもよいでしょう。

【変化１】　大文字の一部が短くなり，一部が伸びていった小文字　(a, d, f, g, q, t, y)

　a が，どのように A から a になっていったのか，黒板に書いていきます。

〈板書〉

【変化２】　大文字の一部が短くなった小文字　(b, h, i, j, l, r)

【変化３】　大文字と似ている小文字　(c, j, k, m, n, o, p, s, u, v, w, x, z)

【変化４】　大文字の一部が伸びて，くっついた小文字　(e)

❸ まとめ (5分)

振り返りカードに記入させます。

数名に発表させ，学びを深める機会とします。

21 Alphabet　アルファベットで文字遊びをしよう

第4時

・目　標：小文字の仲間分けを行い，文字の形や特徴に気付く。
・準備物：□小文字カード　□ワークシート①（配布済み）　□ワークシート③

1 導入（15分）

❶ 挨拶する。（2分）

❷ 英語の歌「Do Re Mi」を歌う。（3分）

❸ アルファベットの小文字を見て，認識する。（3分）

バラバラに見せていきながら，文字が認識できているかどうか，確認していきます。

❹ 小文字アルファベットビンゴをする。（7分）

ビンゴの最終回，4回目を行います。

2 展開（20分）

❶ 教材の巻末の動物のイラストを見ながら，動物当てクイズをする。（5分）

前回やった標識や看板当てクイズ，色クイズの復習を兼ね，様々な動物のイラストが載っているワークシートを作成し，それを使ってスペリング・クイズを行います。

やり方を忘れている児童もいるかと思いますので，一度近くの児童とやってみて，やり方の見本を見せるといいでしょう。

T：Look at this worksheet. You can see many animals.

　　We play "Animal Quiz."

　　Choose one animal.

C：（児童は，動物を選んでいる）

T：今から，先生がみんなの動物を当てます。Yes, I do. か，No, I don't. で答えてください。

　　C1さん，ちょっと一緒にやってもらっていい？　Do you have "g"？

C1：No, I don't.

T：Do you have "r"？

C1：Yes, I do.

T：分かった気がする。Do you have "b"?

C1：Yes, I do.

T：How many "r"s?

C1：Two.

T：Is it a rabbit?

C1：Yes.

❷ アルファベット小文字の仲間分けを行う。（15分）

大文字の時に行った仲間分けを行います。

次のようなワークシートを配付し，形に注目させ，仲間分けをします。

〈予想される仲間分けの例〉

・s k p o x z c j m n
（大文字の形に似ている文字）

・o i l v w x
（線対称：真ん中で折ると重なる文字）

・p d b q u n
（半回転させると違う字になる文字）

・k l t v w x y z
（直線だけでできている文字）

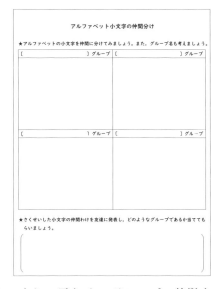

発表させます。この時，すべての文字を言わず，最初3つくらい言わせ，グループの特徴をつかませた後，「他にこのグループの文字はありますか」と問いながら，特徴を類推させます。

C1：（前に出てきて黒板に3つだけ書く）h　o　t.

T：他にどんな文字がある？

C2：　r …

T：どんなグループ？

C：僕の名前に入っている文字！

❸ まとめ（5分）

振り返りカードに記入させます。

数名に発表させ，学びを深める機会とします。

Unit7 の指導アイデア

What do you want？　ほしいものは何かな？

●言語材料
〔基本表現〕What do you want？／ I want potatoes.／ How many？（Two）, please.
〔語　彙〕野菜（vegetable, potato, cabbage）, 果物（corn, cherry）, 飲食物（sausage）
〔既習事項〕How many？／ Two, please.／ Here you are.／ Thank you.
●時数：5時間

1 単元の目標

・食材の言い方や，欲しいものを尋ねたり要求したりする表現に慣れ親しむ。

・欲しい食材などを尋ねたり要求したりするとともに，考えたメニューを紹介し合う。

・相手に配慮しながら，自分のオリジナルメニューを紹介しようとする。

この単元のねらいと付けたい力

・欲しいものを尋ねたり答えたりする表現に慣れ親しむ。（知・技）

・オリジナルパフェやピザを作るために，必要な食材を伝え合う。（思・判・表）

・作ったオリジナルパフェやピザを相手に見せながら，はっきりと伝える。（主）

単元の指導計画

時間	○主な学習活動・●評価の対象	□指導内容・○評価・☆留意点
第1時	○英語の歌「Old MacDonald had a farm」 ●野菜や果物の語彙 ●カードビンゴ ○ Let's Watch and Think（p.27） ○ Let's Chant（p.27）	□果物や野菜の語彙に慣れ親しませる。 ○絵を見て，果物や野菜の名前を英語で言える。 （知・技） ☆教材にない果物や野菜も必要に応じ，扱う。
第2時	○英語の歌「Old MacDonald had a farm」 ○ Let's Chant（p.27） ○ポインティング・ゲーム ○ Let's Listen ①（p.28） ● Activity ①（p.28） ●オリジナルパフェの発表	□欲しいものを尋ねたり答えたりする表現に慣れ親しむ。 ○オリジナルパフェづくりを通じ，欲しいものを尋ねたり答えたりしている。（思・判・表） ☆活動の前には，児童とやり取りを行う等，やり方をしっかり示してから行う。
第3時	○英語の歌「Old MacDonald had a farm」	□相手への配慮をもち，ゆっくりはっきり綴りを言って伝えようとする。

72

	○ Let's Chant（p.27） ○野菜・果物カルタ ○ Let's Listen ②（p.29） ○先生問題 ●スペリング・クイズ	○スペリング・クイズで相手が聞き取りやすいように、はっきりとアルファベットを言おうとしている。（主） ☆ｇとｚ，ｍとｎ，ｂとｖの音の違いに留意させ、単語当てクイズを行わせる。
第4時	○英語の歌「Old MacDonald had a farm」 ○ Let's Chant（p.27） ○ピザの食材を出し合う。 ● Activity ②（p.29） ○集めた食材の紹介	□欲しいものを伝え合う。 ○欲しいものを伝え合っている。（思・判・表） ☆対話の基本形をしっかり示すようにする。
第5時	○英語の歌「Old MacDonald had a farm」 ○ Let's Chant（p.27） ○ Activity ②（p.29） ○食材の確認 ○ミッシング・ゲーム ○友達の好きな食材を尋ねる。 ○食材集め ●オリジナルピザをプレゼントする。	□完成したピザを誰にプレゼントするか相手意識をもち、好みを尋ねる。 ○作ったオリジナルピザが相手の好きなピザであるか尋ねながら、相手に喜んでもらえるピザをプレゼントしようとしている。（思・判・表）（主） ☆人にものをあげる時の言い方（This is for you. Here you are.）や、感謝の言葉を（Thank you.）などの既習事項を意図的に使わせるようにする。

＼ ここで差がつく！指導＆教材活用のポイント ／

シールを教室に持ち込み　What do you want？

　色々なシールを教室に持ち込み、児童に見せながら、What do you want？と尋ねてみます。What do you want？は、実は小学校３年生で、少し触れます。しかし、その場面と状況から、児童は「何が欲しい？」という意味を想像するかも知れません。

　児童は、I want a blue sticker. と言ったら、青いシールを児童にあげてしまいます。すると、他の児童も手をあげ、I want a pink star. のように、どんどん言ってくるかも知れません。このように教室自体を英語によるコミュニケーションの場にするのです。

　ちなみに、シールは市販の物でもいいですし、教師の自作のシール（先生の顔、スマイルマーク、キャラクター、ゆるきゃら、アルファベットの小文字）でもいいでしょう。

相手への配慮とは、伝えやすくすることも含まれる

　物をやり取りする時に、How many potatoes？ / Three, please. のように言う場面があります。この時に、Three と言った時に、指を使ってジェスチャーで「３」と表して言えることも、相手への配慮となります。指導し、身に付けさせたい態度です。

22 What do you want? ほしいものは何かな？

第1時

- ・目　標：果物や野菜の名前に慣れ親しむ。
- ・準備物：□果物・野菜の絵カード　□世界地図

1 導入（15分）

❶ 挨拶する。（2分）

❷ 英語の歌「Old MacDonald had a farm」を歌う。（5分）

❸ 果物・野菜の絵カードを見せ，英語で言う。（3分）

　果物や野菜の語彙は，3年生の頃から継続的に触れており，児童の中には，語彙が定着してきている子もいるでしょう。

　絵カードを見せ，児童に英語で言わせていきます。

T：（りんごが1個だけある絵を見せて）　　　**C**：Apple.

T：（りんごが複数ある絵を見せて）　　　　**C**：Apples.

　言った絵カードは黒板に貼っていきます。

❹ カードビンゴを行う。（5分）

　果物や野菜の絵カード（20枚）をペアに配り，その中から16枚を取り出し，4×4にして，机の上に並べさせます。

〈やり方〉

　①教師が読み上げた野菜や果物のカードを裏返す。

　②縦，横，斜め，どこか1列が全て裏返ったら，ビンゴになる。

　③すべて裏返ると10ビンゴになる。

　④16枚読み上げる。

　⑤いくつビンゴができたかで競う。(No Bingo の出る可能性があり，No Bingo は20点)

\ ポイント /

　教師が言いそうなカードを，ペアで協力して縦や横，斜めに並べることで，予想通りになるか楽しみも，このゲームにはあります。

②展開（20分）

❶【Let's Watch and Think】（p.27）：世界の市場を見る。（10分）

世界の市場の様子を動画で見ます。

1回目は，動画で流れる市場の様子を見ながら，まずはどこの国であるか確認します。国名は，英語で書かれてあるので，児童に国名を読ませ，世界地図で場所を確認します。

Korea, Myanmar, Thailand, Italy, Peru, Kenya の順で流れていきます。

リピート機能を用い，2回〜5回と連続して市場の様子を流し，気付きを促します。

気付いたことを発表させます。

〈予想される児童の気付き〉

・ミャンマーやペルーでは，バナナがつるしてある。・タイでは，船で果物などを売っている。

・韓国の市場は，大きな屋根がある。・韓国のニンジンは，土がついているみたい。

・ミャンマー，タイ，ペルー，ケニヤでは，値段がついていなかった。

・韓国，イタリアは，値段がついている。・ペルーでは秤がある。・ケニアの西瓜は，長細い。

・イタリアの果物は，他の国に比べて，少し少ない。・日本で見ないような果物があった。

> \ ポイント /
> 　日本ではなかなか見られない野菜や果物，形や色の違う野菜や果物を写真で見せ，世界には色々な食材があることに気付かせます。

❷【Let's Watch and Think】（p.27）：買い物ごっこの動画を見る。（7分）

あらかじめ視聴するポイントを決めておき，食材を買う場面の動画を見せます。

「何をいくつ買いましたか？」　動画1：楕円形をした赤いトマトを3つ

　　　　　　　　　　　　　　　動画2：パイナップルを2つ

　　　　　　　　　　　　　　　動画3：きゅうりを5本

どんな表現を使っていたか確認します。

❸【Let's Chant】（p.27）：チャンツを歌う。（3分）

③まとめ（5分）

振り返りカードに記入させます。数名に発表させ，学びを深める機会とします。

23 What do you want？　ほしいものは何かな？

第2時

・目　標：欲しいものを尋ねたり答えたりする表現に慣れ親しむ。
・準備物：□果物・野菜の絵カード　□ワークシート①

1 導入（10分）

❶ 挨拶する。（2分）

❷ 英語の歌「Old MacDonald had a farm」を歌う。（3分）

❸【Let's Chant】(p.27)：チャンツを歌う。（2分）

❹ ポインティング・ゲームをする。（3分）

教材の26〜27ページを開けさせ教師が言った食材を指さし，語彙を確認します。

2 展開（25分）

❶【Let's Listen ①】(p.28)：エミリー，さよ，たけるの好きなパフェを聞き取る。（10分）

パフェにどんな果物が使われているか確認していきます。

T：Open your books to page 28. You can see four parfaits.

Look at the left one. What fruit can you see ?

C：Apple, melon, pineapple, strawberry, cherry, orange, kiwi fruit.

T：What is the second one from the left ?

C：Apple, melon, banana ?

使われている果物が確認できたら，CD を聞き，線で結ばせます。

2回ずつくらい聞かせます。

答えを確認します。

❷【Activity ①】(p.28)：オリジナルパフェを作る。（10分）

1人5枚ずつ果物の絵カードを配ります。

〈果物の絵カードの例〉

① 桃（peach）　②めろん（melon）　③バナナ（banana）　④りんご（apple）

⑤パインナップル（pineapple）　⑥さくらんぼ（cherries）　⑦いちご（strawberry）

⑧オレンジ（orange）　⑨キウイ（kiwi fruit）　⑩すいか（watermelon）

⑪マンゴー（mango）　⑫ぶどう（grapes）

やり方を説明します。

〈やり方〉

①友達とジャンケンします。

②ジャンケンに負けた人は，持っている果物を全部言い，何が欲しいと聞きます。

C1：I have melon, banana, kiwi fruit, apple and watermelon.
　　　　What do you want？

③ジャンケンに勝った人は，1つだけ欲しいものが言えます。

C2：I want watermelon.

④ジャンケンに負けた人は，相手が欲しいと言ったものをあげます。

⑤2人は別れ，次の友達と行います。

⑥約5～6分後，席に着かせ集めた食材をワークシートに貼ります。

\ ポイント /
活動前には demonstration を行い，やり方を確認しておくとスムースに活動できるでしょう。

unit 7

❸ グループで発表する。（5分）

4人班になり，1人ずつ自分のできたパフェを発表していきます。

C1：Hello. This is my favorite parfait.
　　　　I have strawberry, watermelon, orange and kiwi fruit.

\ ポイント /
　グループで発表させることで，ペアでやるより，一度に話す児童が限定されるので，教師も児童の様子を把握しやすくなります。

3 まとめ（5分）

振り返りカードに記入させます。数名に発表させ，学びを深める機会とします。

24 What do you want？　ほしいものは何かな？

第3時

・目　標：綴りを言いながら，ものを伝えるため，はっきりとアルファベットを言う。
・準備物：□果物・野菜カルタカード　□ワークシート②

1 導入（15分）

❶ 挨拶する。（2分）

❷ 英語の歌「Old MacDonald had a farm」を歌う。（3分）

❸ 【Let's Chant】(p.27)：チャンツを歌う。（2分）

❹ 果物・野菜カルタを行う。（8分）

　ペアに1組，野菜・果物のカルタカードを配り，カルタを行います。

〈やり方〉
　①机を向かい合わせます。
　②カルタカードを机の上に広げさせます。
　③教師の言ったカードを素早く取ります。
　④お手付きは相手に1枚カードを渡します。
　⑤枚数が少なくなってきたら，ダミーの語彙を発し，お手付きを誘います。

　取った枚数分が，児童のポイントとします。

2 展開（20分）

❶ 【Let's Listen ②】(p.29)：音を聞き，その音を表す綴りを選ぶ。（5分）

教材29ページを開かせます。

空き缶の中に入っている食材を確認します。（左から，tomato, corn, peach, pineapple）

CD を聞き，イラストと綴りを線で結ばせ，答え合わせをします。

❷ 先生問題を出す。（7分）

　ワークシートを配り，先生問題を出します。

〈問題例〉

No.1 Hello. I'm m-a-n-g-o.

I'm a mango.

No.2 Hello. I'm g-r-a-p-e.

I'm a grape.

No.3 Good morning.

I'm g-r-e-e-n p-e-p-p-e-r.

I'm a green pepper.

No.4 Good afternoon.

I'm e-g-g-p-l-a-n-t.

I'm an eggplant.

No.5 Hi. I'm m-e-l-o-n.

I'm a melon.

答え合わせをします。

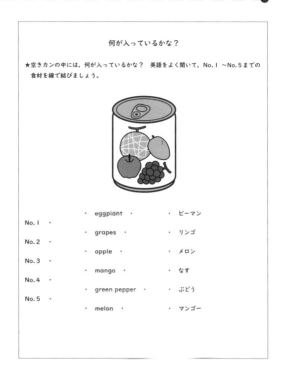

③ **スペリング・クイズを行う。（8分）**

教材の巻末の野菜・果物絵カードを用いて，ペアで当てっこします。

近くの児童とやりながら，やり方を確認します。

T：ペアになります。ペアの1人が，Hello. I'm c-h-e-r-r-y. と綴りを言っていきます。

もう1人のペアは，「あなたはチェリーですか？」と，Are you a cherry？と聞きます。

当たったら，Yes, I am. You are right！とか，That's right. と言います。

では，デモンストレーション。Who wants to try？

C1：（前に出てくる）

T：Hello. I'm o-r-a-n-g-e.

C1：Are you an orange？

T：Yes, I am.

3 まとめ（5分）

振り返りカードに記入させます。数名に発表させ，学びを深める機会とします。

25 What do you want？　ほしいものは何かな？

第4時

・目　標：欲しい食材を尋ねたり，答えたりして伝え合っている。
・準備物：□食材イラスト　□食材の絵カード　□ワークシート①（1人3枚）

1 導入（15分）

❶ 挨拶する。（2分）

❷ 英語の歌「Old MacDonald had a farm」を歌う。（3分）

❸【Let's Chant】(p.27)：チャンツを歌う。（2分）

❹ ピザの食材にはどんなものがあるか考える。（8分）

ピザに使われている食材を児童から引き出すようにします。

児童から出てきそうな食材を予想し，次のような語の絵カードを準備しておきます。

〈食材〉

①きのこ（mushroom）　②キャベツ（cabbage）　③トマト（tomato）　④じゃがいも（potato）　⑤ニンジン（carrot）　⑥ナス（eggplant）　⑦ほうれん草（spinach）　⑧たまねぎ（onion）　⑨ピーマン（green pepper）　⑩卵（egg）　⑪イカ（squid）　⑫たこ（octopus）　⑬えび（shrimp）　⑭ハム（ham）　など

T：What do you see on the pizza？

C：Ham！

T：Yes. Ham（と言って，黒板にハムのイラストを貼る）

　　 What else？

C：Tomato！

\ ポイント /

食材を教師から与えるのではなく，児童から出させることで，どんな食材がピザに使われているか考えさせるようにします。

2 展開（20分）

① 【Activity ②】（p.29）：食材を集める。（15分）

パフェを作った時と同じように，食材集めを行います。

〈やり方〉

①食材カードを１人５枚ずつ配ります。

②友達とジャンケンをします。

③勝った児童は，What do you have？（何を持っているの？）と尋ねます。

④負けた児童は，持っている食材を英語ですべて言います。

（この時，カードは相手に見せません。）

⑤食材を言ったら，What do you want？（何が欲しい？）と尋ねます。

⑥勝った児童は，自分が欲しい食材を１つ言ってもらいます。

デモンストレーションを行います。

T&C1：（ジャンケンをする。Ｔが勝ったとする）

 T：Hello.

 C1：Hello.

 T：What do you have ?

 C1：I have onion, tomato, mushroom, sausage and a shrimp. What do you want ?

 T：I want a shrimp.

 C1：Here you are.

 T：Thank you. Bye

約10分時間をとり，児童同士で，自由に立ち上がり，食材を集めていきます。

② 【Activity ②】（p.29）：集めた食材でピザを作る。（5分）

ワークシートに貼り，具材を並べながら，ピザを３つ作るように言います。

作ったピザは，次回使うので取っておくように言います。

3 まとめ（5分）

振り返りカードに記入させます。数名に発表させ，学びを深める機会とします。

26 What do you want?　ほしいものは何かな？

第５時

・目　標：相手の好きなピザを尋ね，相手に喜んでもらえるか確認してプレゼントする。
・準備物：□食材の絵カード

1 導入（10分）

❶ 挨拶する。（２分）

❷ 英語の歌「Old MacDonald had a farm」を歌う。（３分）

❸【Let's Chant】(p.27)：チャンツを歌う。（２分）

❹ ミッシング・ゲームを行う。（３分）

食材の絵カードを黒板に貼り，ミッシング・ゲームを行います。語彙に慣れ親しませます。

2 展開（25分）

❶【Activity ②】(p.29)：作ったピザをペアに紹介する。（８分）

前回作ったピザを見せながら，ペアに紹介します。

やり方を教師が見本を見せます。

T：Hello. I have three pizzas.

（１つ目のピザを児童に見せる）I have egg and green pepper.

（２つ目）I have eggplant and mushroom.

（３つ目）I have a shrimp.

ペアで紹介し合います。

具材が少なく，寂しいピザもあると予想されるので，食材集め第２弾を行います。

❷【Activity ②】(p.29)：食材集め，パート２を行う。（７分）

食材をさらに１人５枚ずつ配ります。

前回と同様にやり方を確認し，自由に立たせ，食材集めを行います。

〈やり方〉

①友達とジャンケンをします。

②勝った児童は，What do you have？（何を持っているの？）と尋ねます。

③負けた児童は，持っている食材を英語ですべて言います。

　（この時，カードは相手に見せません。）

④食材を言ったら，What do you want？（何が欲しい？）と尋ねます。

⑤勝った児童は，自分が欲しい食材を１つ言ってもらいます。

必要に応じ，デモンストレーション１回やるといいでしょう。

約10分時間をとり，児童同士で，自由に立ち上がり，食材を集めていきます。

❸【Activity ②】(p.29)：集めた食材で本格ピザを作る。(5分)

集めた食材を付け足し，３つのピザを完成させます。

❹【Activity ②】(p.29)：作った具材が好きかどうか尋ねながら，プレゼントする。(5分)

自由に立って，友達にピザで使った具材が好きかどうか尋ね，友達にオリジナルピザをプレゼントします。

C1：Hello.

C2：Hello.

C1：（１つ目のピザを取り出し）Do you like eggplants ?

C2：Sorry. I don't like eggplants.

C1：（２つ目のピザを取り出し）Do you like mushrooms ?

C2：Yes, I do.

C1：Do you like tomatoes ?

C2：Yes, I do.

C1：This is for you. Here you are.

C2：Thank you.

すべて具材が好きだと言ってきたら，それを相手にあげます。

❸ まとめ（5分）

振り返りカードに記入させます。数名に発表させ，学びを深める機会とします。

This is my favorite place. お気に入りの場所をしょうかいしよう

●言語材料

〔基本表現〕Go straight. / Turn right. / Stop. / This is the music room.

〔語　　彙〕favorite, place, our, 学校・教室等（classroom, restroom, entrance, library, gym, playground, computer room, cooking room, school nurse's room, school principal's office, teacher's office）

〔既習事項〕Why？/ I like music. / my, go, 教科名（science, music, arts and crafts）

●時数：4時間

1 単元の目標

・世界と日本の学校生活の共通点や相違点を通して，多様な考え方があることに気付くとともに，教科名や教室の言い方に慣れ親しむ。

・自分が気に入っている校内の場所に案内したり，その場所について伝え合ったりする。

・相手に配慮しながら，自分が気に入っている場所について伝え合おうとする。

2 この単元のねらいと付けたい力

・教科名や教室の言い方に慣れ親しむ。（知・技）

・簡単な道案内表現の言い方を知る。（知・技）

・学校内の自分の好きな場所について伝え合う。（思・判・表）

・簡単な道案内表現を用いて，場所を案内する。（思・判・表）

・相手に理解してもらえるように，学校内の場所を伝えようとする。（主）

3 単元の指導計画

時間	○主な学習活動・●評価の対象	□指導内容・○評価・☆留意点
第1時	○英語の歌「Mary Had a Little Lamb」 ○ Hot Cold Game ● Teacher's Talk ●教室等の言い方 ○ミッシング・ゲーム	□教室等の言い方を知り，慣れ親しむ。 ○教室等の写真やイラストを見て，英語での言い方に慣れ親しんでいる。（知・技） ☆語だけを取りあげるのではなく，意味のある文脈の中で，語を導入するようにする。
第2時	○英語の歌「Mary Had a Little	□道案内表現を知るとともに，案内することに

84

	Lamb」 ○復習 ○パノラマページの確認 ○ Let's Play ①（p.31） ○ Let's Listen ①（p.30） ●道案内表現 ● Hot Cold Game ②	慣れ親しむ。 ○道案内の表現を使って案内することに慣れ親しんでいる。（知・技） ☆便宜上，Go straight. と言った場合は，1つ分（1教室分）動くことを確認しておく。
第3時	○英語の歌「Mary Had a Little Lamb」 ○ Let's Chant（p.32） ○ Let's Watch and Think ①（p.31） ●先生問題 ●案内ゲーム ○ Let's Listen ②（p.32） ○ Let's Watch and Think ②（p.32）	□海外の学校生活について知り，日本との共通点，相違点などに気付く。 ○外国の学校と日本の学校では，違いがあることに気付き，違いや多様性を認めようとする。 （主） ☆ ALT の国の学校について語ってもらう等，動画以外にも必要な情報を児童に与え，色々な学校生活があることに気付かせる。
第4時	○英語の歌「Mary Had a Little Lamb」 ○ Let's Chant（p.32） ○ Teacher's Talk ● Let's Play ②（p.33） ● Activity（p.33）	□好きな場所とその理由を尋ね合ったり，伝え合う。 ○自分の好きな場所と理由を伝え合っている。 （思・判・表） ☆favorite（一番好き）という語の意味をしっかり理解させる。

\ ここで差がつく！指導＆教材活用のポイント /

外国の学校と日本の学校

　次のようなワークシートを用いて，動画や写真などで，日本の学校と外国の学校（または ALT の出身国）の相違点を整理するとよいでしょう。（下記は例）

	日本	外国（アメリカ）
①休み時間	10分。業間休み20分	2～3分
②給食	教室で食べる	食堂で食べる。お弁当を持って来てもよい。
③掃除	班に分かれてきれいにする。	掃除しない
④夏休み	1か月	3か月
⑤通学方法	徒歩（またはバス）	スクールバス。（または家族の送迎）
⑥教室	クラスがある	クラスがない。ロッカーに荷物は入れる。

27 This is my favorite place.
お気に入りの場所をしょうかいしよう

第1時

・目　標：学校内の場所・教室名の言い方に慣れ親しむ。
・準備物：□ぬいぐるみ　□ぬいぐるみを色々な教室に置いて撮った写真

1 導入（15分）

❶ 挨拶する。（2分）

❷ 英語の歌「Mary Had a Little Lamb」を歌う。（3分）

❸ Hot Cold Game をする。（10分）

　教室内に宝物を隠し，1人鬼を決め，鬼が宝物に近づいたら，Hoy, hot, hot. と3回言います。宝物から遠ざかったら，Cold, cold, cold. と3回言います。そのようにして，鬼に宝物の在りかを教えていくゲームです。（詳細は，12ページ参照）

2 展開（20分）

❶ Teacher's Talk でぬいぐるみの Poppy がどこにいるか写真を見て当てさせる。（7分）

　学校内の色々な場所（教室等）にぬいぐるみのポピーがいる写真を見せながら，どこにいるのか児童に考えさせます。

T：Where is Poppy ?（黒いものの上に座っている写真）　　　**C**：…？

T：Where is Poppy ?（少し遠いところからの写真を見せる）　　**C**：あっ。ピアノ。

T：Where is Poppy ?　　　　　　　　　　　　　　　　　　**C**：Music room.

T：Yes. She is in the music room.（音楽室の概観を見せる）
　　　Poppy ! Where are you ?（と言って，2枚目を見せる）　　**C**：Science room !

T：Where is Poppy ?（と言って昇降口にいる写真を見せる）　　**C**：昇降口！
　　　Yes, she is at the entrance.

\ ポイント /

　児童の身近な場所を写真で見せることで，「あっ！ここ知っている！」という思いを抱かせ，教室の言い方を身近に感じさせます。

86

次のような場所の写真を撮っておくとよいでしょう。

例）理科室（science room），音楽室（music room），パソコン室（computer's room），図書室（library），体育館（gym），校長室（principal's office），職員室（teacher's office），玄関（entrance），トイレ（toilet/restroom），保健室（nurse's room）

②　教室の言い方を知る。（8分）

ぬいぐるみの Poppy が学校内の色々な場所にいる写真を黒板に貼りながら，Poppy がどこにいるのか尋ね，教室名の言い方を確認します。

〈板書〉*Poppy を色々な教室で写した写真貼っていく。

| Poppy と 教室の写真 | Poppy が 理科室 | Poppy が 昇降口 |

T：Where is Poppy ?　　**C**：She's in the music room.

T：Where is Poppy ?　　**C**：She's at the entrance !

> \ ポイント /
> 　語彙の言い方を確認させる時も，できるだけ場面や状況と合わせて，語彙の練習をするようにします。

③　ミッシング・ゲームで教室の言い方に慣れ親しむ。（5分）

ミッシング・ゲームで教室等の言い方に慣れ親しませます。

T：O.K. Go to sleep.　　**C**：（顔を机に伏せる）

T：（1枚写真をとる）Wake up.　　**C**：（児童は顔をあげる）

T：What's missing ?　　**C**：… Music room !

T：Yes !　That's right.

3 まとめ（5分）

振り返りカードに記入させます。数名に発表させ，学びを深める機会とします。

28 This is my favorite place. お気に入りの場所をしょうかいしよう

第2時

・目　標：道案内表現について知る。
・準備物：□パノラマページの各場所の絵カード　□道案内絵カード　□ぬいぐるみ

1 導入（10分）

❶ 挨拶する。（2分）

❷ 英語の歌「Mary Had a Little Lamb」を歌う。（3分）

❸ Where is Poppy？を復習する。（5分）

前回使った写真の一部を見せながら，教室等の言い方を復習します。

T：Where is Poppy？（音楽室にいる写真を少しずつ見せる）

C：She's in the music room.

T：（写真の全容を見せ）Yes, that's right. She is in the music room. Where is Poppy？

C：え？　どこだ？

T：（写真の全容を見せ）She is in my room！

C：え？　本当？

\ ポイント /

変化をつけながら，写真を逆さまにして見せたり，学校内だけでなく，教師の自宅の部屋の写真であったり，車の写真等を入れると，新鮮さが出るのでよいでしょう。

2 展開（25分）

❶ パノラマページにある部屋を確認していく。（5分）

教科書30〜31ページを開き，どんな部屋があるか児童に言わせていきます。

T：Open your books to pages 30 and 31. You can see many rooms. What can you see？

C：Cooking room.

T：Good. Cooking room.（と言って絵カードを黒板に貼る）What else can you see？

C：Gym！

このように教材にどのような部屋があるか確認しながら，黒板に30〜31ページのような図面

になるように，絵カードを貼っていきます。

❷ 【Let's Play ①】（p.31）：ポインティング・ゲームを行う。（3分）

❸ 【Let's Listen ①】（p.30）：好きな場所を聞き取る。（8分）

　Let's Listen ①の1人目は，教師が説明していきます。

T：This is Ken.（男の子のイラストを見せながら，Ken になり切って言う）Hello. This is my school.（と言って，黒板に貼った絵カードの全容を指で指す）Let's go inside. Look.（指でさしながら）This is my classroom. This is the school nurse's office. This is the teacher's office. This is the school principal's office. And then this is my favorite room. I like lunch time very much. Which room does Ken like？（**C**：Lunch room！）

T：Yes. O.K. Let's listen to the CD and find the favorite room.

　2人目は，道案内表現が入っていますので，CD を聞かせてみて，「え？分からない？」という状況をつくりましょう。その後，2回目を聞かせながら，You are at the entrance. で，黒板で現在地を確認し，Turn right and go straight. で，どっちに行くのかを確認させながら，表現を確認していきます。3人目では，Go straight. が3回続くので，「いくつ進む？」と確認し，教室を3つ進むことを確認します。

❹ 道案内の言い方を知る。（3分）

　Turn right/left. Go straight. It's next to .... の表現を確認します。

　パノラマページで，学校の玄関をスタートに，教師が道案内をし，教室を案内します。

Turn right.

Turn left.

Go straight.

It's next to...

❺ Hot Cold Game を道案内の表現を使って宝物の在りかを探す。（6分）（本書 p.12参照）

3 まとめ（5分）

　振り返りカードに記入させます。
　数名に発表させ，学びを深める機会とします。

29 This is my favorite place.
お気に入りの場所をしょうかいしよう

第3時

・目　標：場所を案内することに慣れ親しむ。
・準備物：□外国の学校生活の写真や動画等

1 導入（15分）

❶ 挨拶する。（2分）

❷ 英語の歌「Mary Had a Little Lamb」を歌う。（3分）

❸ 【Let's Chant】（p.32）：チャンツを歌う。（5分）

❹ 【Let's Watch and Think ①】（p.31）：教室等を伝える表現を知る。（5分）

　動画を見ながら，教室等の言い方を知ったり，場所を案内したりする方法に気付かせます。

〈視聴ポイント〉

	好きな場所はどこ？	どうやって説明していた？
1人目	体育館	1つずつ部屋を言いながら，好きな場所を案内。
2人目	パソコン室	Turn right. Go straight. と言いながら好きな場所を案内。

	2人はどこに行く？	どうやって説明していた
3人目	保健室	最初に調理室にいることを確認し，部屋を1つずつ移動。

　可能であれば，次のような英語表現に気付かせます。

We are at the computer room. （今，パソコン室にいます）

You can find the computer room. （パソコン室が見つかります）

Follow me. （ついてきて）

2 展開（20分）

❶ 教師の好きな場所を案内する。（5分）

　パノラマページで，先生問題を出します。

T：Now, what is my favorite place ? Follow me. You are at the entrance.

Turn left. Go straight. Turn left. Go straight. Go straight. Go straight. Go straight.

Go straight. It's next to the lunch room. This is my favorite place.

C : Cooking room !

T : Yes, I like cooking.

> \ ポイント /
> Let's Watch and Think ①で視聴したように，何通りかの方法で案内をしてみせるとよいでしょう。また，ペアで，指で追わせる等，協働的な学習も取り入れましょう。

❷ 案内ゲームをする。（7分）

ペアで好きな場所を案内するゲームを行います。

案内する人は，立って行わせ，当ててもらったら座るようにします。

やってみたい児童に，前に出てきて発表してもらいます。

❸【Let's Listen ②】（p.32）：英語を聞いて，好きな場所を聞き取る。（3分）

音声を聞き，好きな場所を線で結ばせます。

「大好きな場所」（favorite place）という言い方を確認しておきましょう。

❹【Let's Watch and Think ②】（p.32）：外国の教室について知る。（5分）

動画を見ながら，外国の学校の様子に気付かせます。

〈予想される児童の気付き〉

- ・音楽でバイオリンやギターを弾いている。
- ・体育館は日本よりも狭そう。
- ・理科室が普通の教室みたい。
- ・音楽室でジャンプして踊っている。
- ・卓球台みたいのがあった。
- ・マイクロスコウプって何だ？

unit 8

> \ ポイント /
> 動画以外にも，海外の学校について調べ，児童はスクールバスで通ったり，ロッカーが与えられていたり，昼はカフェテリアや昼食を持ってきたり，掃除がなかったりする学校もあることにも広げ，日本の学校との相違点等に気付かせるとよいでしょう。

3 まとめ（5分）

振り返りカードに記入させます。数名に発表させ，学びを深める機会とします。

30 This is my favorite place.
お気に入りの場所をしょうかいしよう

第4時

・目　標：好きな場所を尋ねたり，答えたりする。
・準備物：□教室などの写真

1 導入（15分）

❶ 挨拶する。（2分）

❷ 英語の歌「Mary Had a Little Lamb」を歌う。（3分）

❸【Let's Chant】(p.32)：チャンツを歌う。（2分）

❹ Teacher's Talk で学校内の好きな場所について話題にする。（8分）

HRT の好きな場所について，児童にその理由とともに説明します。

T：Hello. What is my favorite place ?

C：Cooking room ?

T：Yes. I like cooking room, but cooking room is not my favorite place.

C：Classroom.

T：Yes. I like this classroom. I am very happy to talk with you. It's very fun.
　　So I like this classroom. What is your favorite place ?

C1：I like gym.

T：Why ?

C1：I like 運動.

T：Oh, sports ?

C1：Yes. I like sports.

T：Nice.

他の先生の好きな場所について英語で話してみます。

T：Look at this picture. Who is this ?

C：Yamada *sensei*.

T：What is his favorite place ?

C：Music room ?

T：He likes drawing pictures. His paintings are great.

C：Arts and crafts !

T：Right. He likes arts and crafts room.

2 展開（20分）

❶【Let's Play ②】（p.33）：教室等を伝える表現を知る。（10分）

次のような対話の仕方を確認し，好きな場所を尋ね合う活動を行います。

〈板書〉 ＊学校内の場所の写真（イラスト）を黒板の上に方に貼っておきます。

| 保健室 | 音楽室 | 理科室 | 家庭科室 | 教室 |

A：Hello.　　　　　　　　　　　　　B：Hello.
A：What is your favorite place？　　　B：My favorite place is the <u>playground</u>.
A：Why？　　　　　　　　　　　　　B：I like <u>sports</u>.
　　　　　　　　　　　　　　　　　　（役割を交代して質問する）

　5分程時間を取り，行わせます。Let's Play ②（p.33）は，様々な場所が3×3になっているので，終わった後に，いくつビンゴができたか確認するのもよいでしょう。また，1人ずつ，好きな場所を言わせていき黒板に「正」の文字で，書かせながらどの場所が一番多かったか集計するのもよいでしょう。

❷【Activity】（p.33）：好きな場所を紹介する。（10分）

最初に自分の好きな場所，理由を書かせます。
隣のペア，前後のペアで，好きな場所と理由を伝え合わせます。

3 まとめ（5分）

振り返りカードに記入させます。
数名に発表させ，学びを深める機会とします。

This is my day.　ぼく・わたしの一日

●言語材料

〔基本表現〕I wake up at 6：00. / I have breakfast at 7：00. / I go to school. / I go home.

〔語　彙〕日課（wash my face, go to school, go home, brush my teeth, put away my *futon*, check my school bag, leave my house, take out the garbage）, everything, later, boy, girl, yummy, wonderful

〔既習事項〕特に無し

●時数：5時間

1 単元の目標

・日本と英語の音声やリズムなどの違いに気付き，日課を表す表現に慣れ親しむ。

・絵本などの短い話を聞いて反応したり，おおよその内容が分かったりする。

・相手に配慮しながら，絵本などの短い話を聞いて反応しようとする。

2 この単元のねらいと付けたい力

・日課を表す語彙や表現に慣れ親しむ。（知・技）

・絵本の読み聞かせを聞きながら，イラストを参考におおよその内容が分かる。（知・技）

・自分の日課を伝え合う。（思・判・表）

・絵本に反応したりしながら，話し手へ理解の程度を示す。（主）

3 単元の指導計画

時間	○主な学習活動・●評価の対象	□指導内容・○評価・☆留意点
第1時	○英語の歌「This is the way」 ○絵本「This is my day.」の読み聞かせ ●絵本（pp.34-35）の内容確認 ○場面絵の聞き取り	□絵本（pp.34-39）を聞き，自分の生活と比較する。 ○自分の生活を振り返りながら，日課の表現を知る。（知・技） ☆絵本の登場人物（Kazu）の生活に照らし児童の生活について尋ねたり，話題にしたりする。
第2時	○英語の歌「This is the way」 ○復習：絵本「This is my day.」	□絵本（pp.36-37）を聞き，自分の生活と比較する。

	の読み聞かせ ●絵本（pp.36-37）の内容理解 ○4コマ漫画「朝起きてから家を出るまで」を作成	○自分の生活を振り返りながら，日課の表現に慣れ親しむ。（知・技） ☆絵本の登場人物（Kazu）の生活に照らし児童の生活について尋ねたり，話題にしたりする。
第3時	○英語の歌「This is the way」 ○場面絵の並び替え ●4コマ漫画「朝起きてから家を出るまで」の発表 ○絵本（pp.38-39）で，記憶力ゲームをする。 ●絵本（p.40）の内容理解	□朝起きてから，家を出るまでのことを4コマ漫画に表し，ペアで発表し合う。 ○サポートを受けながら，自分の朝の行動について発表する。（思・判・表） ☆発表前には，一度，教師の見本を見せるとよい。 □絵本（pp.38-39）を聞き，自分の生活と比較する。 ○自分の生活を振り返りながら，日課の表現に慣れ親しむ。（知・技） ☆絵本の登場人物（Kazu）の生活に照らし児童の生活について尋ねたり，話題にしたりする。
第4時	○英語の歌「This is the way」 ○Teacher's Talk「家に帰ってから寝るまで」 ●絵本（p.40）の内容理解 ○4コマ漫画「家に帰ってから寝るまで」の作成と発表	□絵本（p.40）を聞き，自分の生活と比較する。 ○自分の生活を振り返りながら，日課の表現に慣れ親しむ。（知・技） ☆絵本の登場人物（Kazu）の生活に照らし児童の生活について尋ねたり，話題にしたりする。
第5時	○英語の歌「This is the way」 ●「ぼく・わたしの一日」の発表	□相手に配慮しながら，自分の日課について，簡単な英語で紹介する。 ○4コマ漫画を相手に見せながら，自分の日課を言う。（思・判・表） ☆友達の生活の様子を聞き，友達理解を深める。

＼ ここで差がつく！指導＆教材活用のポイント ／

グループ発表から全体発表へ

　いつもペアばかりでの活動は面白味がありません。ペア同士をくっつけた4人組で発表させ，その4人組の中で，うまく発表できた人が，今度は全体の前で発表するように，よりよい発表とはどういうものか全体で共有していくことも必要です。

31 This is my day.　ぼく・わたしの一日

第1時

・目　標：絵本（pp.34-40）を聞いておおよその内容が分かり，日課の表現を知る。
・準備物：□絵本の絵カード（児童分）

1 導入（10分）

❶ 挨拶する。（2分）

❷ 英語の歌「This is the way」を歌う。（8分）

1回目，ジェスチャーをつけながら，歌ってみましょう。

　♪♪ This is the way I wash my face, wash my face, wash my face.

　　　　　This is the way I wash my face. So early in the morning.　♪♪

　♪♪ This is the way I brush my teeth, brush my teeth, brush my teeth.

　　　　　This is the way I brush my teeth. So early in the morning.（続く）♪♪

2回目は，動作のイラストを貼りながら，歌っていきましょう。市販の CD に合わせてもいいですが，「Let's Try！2」に合わせて，家を出る（leave my house），学校に行く（go to school）を入れてもいいでしょう。

3回目は，歌える児童は歌わせていきます。

2 展開（25分）

❶ 絵本「This is my day.」を読む。（10分）

デジタル教材を見せたり，絵本を作り直して見せたりしながら絵本を読みます。

音声を聞かせてもいいし，教師が読んであげてもいいでしょう。

〈場面1〉

p.34　**T**：This is my day.

　　　　"Dear Maria, How are you doing？ I'm pretty good. This is how I spend my day."

　　　　（目を覚まし）"Good morning."　I wake up.

p.35　**T**："I'm sleepy."（顔を洗う）I wash my brush.

　　　　"It's a nice day."（歯を磨く）I brush my teeth.　I put away my *futon*.

〈場面２〉

p.36　**T**：*"Itadakimasu."* "I' m hungry." I have breakfast.

　　　　"Music, Japanese … great！ I have everything." I check my school bag.

　　　　I leave my house.

p.37　**T**：*"Ittekimasu."* "See you later." I take out the garbage. "Good boy！" "Thank you."

　　　　I go to school. "Good morning." "Hi."

〈場面３〉

p.38　**T**：I go home. "Bye." "See you later."

p.39　**T**：I do my homework.

〈場面４〉

p.40　**T**：*"Gochisousama."* "Yummy." I finish my dinner.

　　　　"Good night." I dream a wonderful dream.

❷ **絵本（pp.34-35）の内容を確認していく。（10分）**

　ICT を利用し，絵本の一部を拡大して見せたりしながら，児童に問いかけていきます。

T：（This is my day. のタイトルを拡大する）Can you read the title？ （**C**：This is … my day.）

T：Great. This is my day. （とタイトルを言った後）Who is this boy？ （**C**：Kazu！）

T：Right. His name is Kazu. （時計を拡大し）What time is it？ （**C**：It' s 6：30.）

　　　His "Wake-up time" is 6：30. What time is your "Wake-up Time"？ （**C**：7：00.）

　　　What can you see in his room？ （**C**：desk, calendar etc.）

T：What time is it？ （**C**：It' s 6：45） Kazu washes his face. Kazu brushes his teeth.

T：Look！ Kazu puts away his *futon.* Do you sleep in *futon*？ Or bed？ （**C**：*Futon*！ / Bed.）

　　　Do you put away *futon* every morning？ （**C**：Yes. /No.）

　　　Do you make your bed？ （**C**：Yes. /No.） I always make my bed.

❸ **教師の英語を聞いて，それに合う絵を選ぶ。（5分）**

　文部科学省のワークシート（Unit 9-1, 9-2）の絵を１枚ずつ切り分けたものを児童に配付し，教師が読み上げた文に合う絵を，数あるカードの中から児童は探し，取り出します。

T：I put away my *futon.* I wash my face. I brush my teeth. I wake up.

3 まとめ（5分）

　振り返りカードに記入させます。数名に発表させ，学びを深める機会とします。

32 This is my day. ぼく・わたしの一日

第2時

・目　標：絵本（pp.34-37）の内容を理解し，日課の表現を知る。
・準備物：□4コマ漫画シート（児童分）

1 導入（15分）

❶ 挨拶する。（2分）

❷ 英語の歌「This is the way」を歌う。（3分）

❸ 復習として絵本（pp.34-35）を読み聞かせする。（10分）

　前回読み聞かせした絵本を読みながら，児童とインターラクションをとっていきます。

T： What is the title ?

C： This is my day.

T： Good. This is my day. "Dear Maria, How are you doing ? I'm pretty good. This is how I spend my day." Who is this boy ?（写真の男の子を指さす）

C： Kazu.

T： Who is this girl ?（写真の女の子を指す）

C： Maria.

T： Well done. What time is Kazu's "Wake-up Time"?

C： 6：30.

T： What time is your "Wake-up Time"?

C1： My "Wake-up Time" is 6：00.

T： Wow, so early ? How about you, C2 ?

C2： My "Wake-up Time" is 6：30.

T： My "Wake-up Time" is 5：00. What do you do after you wake up ?

　　 I make my bed, go to the bathroom and wash my face. I cook breakfast.

　　 What do you do ?

＼ ポイント ／
　前時に読んだ絵本を思い出させながら，児童に質問をしながら，絵本の内容と対話させるようにします。

②展開（20分）

❶ 絵本（pp.36-37）を読む。（10分）

　導入2の「復習」の続きから，本時の絵本の内容に入っていきます。

（**T**：What do you do？）

C1：I wake up. I wash my face. I put away my *futon*. 犬の散歩 .

T：You walk your dog. How many dogs？

C1：One.

T：Look. I have breakfast. "*Itadakimasu*." What does Kazu eat？

C：Rice. Miso-soup. Fried egg. Water. Salad. Sausage.

T：What do you have for breakfast？

C：Rice. Bread. Salad. Miso-soup. Egg. *Natto*. Sausage. Milk.

T：Who is this？（制服を着ている女の子を指さす）

C：Kazu's sister.

T：I think so too. She is Kazu's sister. What is Kazu doing？

C：Check school bag.

T：I check my bag. "*Ittekimasu*." I leave home. "See you later."
　　Look. Kazu takes out the garbage. "Good boy." "Thank you."
　　I take out the garbage. I go to school. "Good morning." "Hi."

❷ 4コマ漫画「朝起きてから家を出るまで」を描く。（10分）

　ワークシートに，朝起きてから家を出るまでを4コマ漫画に表します。
　教師の例を見せるとよいでしょう。

③まとめ（5分）

　振り返りカードに記入させます。
　数名に発表させ，学びを深める機会とします。

33 This is my day.　ぼく・わたしの一日

［第３時］

・目　標：絵本（pp.38-39）の内容を理解し，朝起きてから家を出るまでの日課を発表する。
・準備物：□絵カード（児童分）

1 導入（15分）

❶ 挨拶する。（2分）

❷ 英語の歌「This is the way」を歌う。（3分）

❸ 絵カードを並べ替える。（5分）

　Unit 9の絵カードをペアで１セット配付し，教師の読み上げたカードを順番に机の上に置いていかせます。

T：I wake up.　I wash my face.　I brush my teeth. I put away my *futon*.

　　I have breakfast. I check my school bag. I leave my house.

　　I take out the garbage. I go to school.

❹ 並べた絵カードを見ながら，順番に言ってみる。（5分）

　ペアで絵カードを指さしながら，順番に英語で言って見せます。

2 展開（20分）

❶ 朝起きてから家を出るまでをペアに伝える。（5分）

　前時に描いた４コマ漫画をペアに見せながら，朝起きてから，家を出るまでの行動を相手に伝えます。

C1：Hello. I wake up. My "Wake-up Time" is 6：00.

　　I wash my face.　I put away my *futon*.

　　I have breakfast. My "Breakfast Time" is 6：30.

　　I brush my teeth.　I leave my house.

> ＼ ポイント ／
> 相手に配慮しながら伝えさせるため，絵を指で指しながら行うように指導します。

❷ 絵本（p.38）で，記憶力ゲームをする。（7分）

絵本の38ページを見させ，何が見えるか尋ねます。

T：Look at page 38. I'll give you 30 seconds. 30秒間，じっと見ていて。

（30秒後）

T：Now, close your books. What can we see on page 38?

C：School. Post. Cat. Dog. Bench.

T：How many people?

C：えっ？

T：What is the name of the school?

C：みどり小学校.

T：Where is the cat?

C：Post の下.

T：Whose cat?

C：？？？ Kazu's cat?

もう一度，見せ，どんなものがあるかよく見せます。

ネコはどこから登場しているか尋ね，35ページのカレンダーから，足が出てきていることに気付かせ，元々はカレンダーの中にいたという面白さを味わわせます。

犬の名前や下校時刻にも気付かせていきましょう。

❸ 絵本（p.39）で，記憶力ゲームをする。（5分）

38ページと同様に，どんなものがあるか思い出させます。

T：Look at page 39. I'll give you 30 seconds. 30秒間，じっと見ていて。

（30秒後）

T：Now, close your books. What can we see on page 39?

❹ 絵本（pp.38-39）の内容を理解する。（3分）

教師が絵本（pp.34-39）を読みながら，児童は，文を指で追っていきます。

3 まとめ（5分）

振り返りカードに記入させます。

数名に発表させ，学びを深める機会とします。

34 This is my day.　ぼく・わたしの一日

第4時

・目　標：絵本（p.40）の内容を理解し，家に帰ってから寝るまでの日課を発表する。
・準備物：□絵カード(家に着く,夕食を食べる,テレビを見る,歯を磨く,寝る等)　□4コマ漫画シート

1 導入（10分）

❶ 挨拶する。（2分）

❷ 英語の歌「This is the way」を歌う。（3分）

❸ Teacher's Talk で教師の家に帰ってからの様子を伝える。（5分）

教師の家に帰って寝るまでの様子を写真で伝えます。

T：I go home.（写真1：ドアを開けている写真）

I take a bath.（ジェスチャー）My "Bath Time" is 7：00.

I have dinner. My "Dinner Time" is 7：30.（写真2：夕食を食べている写真）

I watch TV.（写真3：テレビを見ている写真）

I read a book.（写真4：今，読んでいる本の写真）

I study English.（写真5：夕食を食べている写真）

I brush my teeth.（ジェスチャー）

I go to bed. My "Bed Time" is 10：00.（写真6：布団に入っている写真）

2 展開（25分）

❶ 絵本の文章を指で追う。（3分）

文を指で追いながら読み聞かせを聞かせます。

最後のページ（p.40）まで行います。

❷ 絵本（p.40）の内容を確認する。（7分）

次のような質問をしたり，児童に気付かせたりしましょう。

〈質問例〉

・What does Kazu eat for dinner ?

・Who says "Yummy"?

・What time is Kazu's "Bed Time" ?

・What time is Kazu's "Dinner Time" ?

・What is Kazu dreaming ?

・What is the cat dreaming ?

❸ 4コマ漫画「家に帰ってから寝るまで」を描く。（10分）

4コマ漫画シートを配付し，家に着いてから，寝るまでを4コマ漫画に表します。

教師の例を見せます。

❹ 「家に着いてから寝るまで」を伝え合う。（5分）

ペアにします。

描いた4コマ漫画の絵を指で押さえながら，相手に配慮し，自分の行動を伝えます。

C1：Hello. I go home.

I play with my friends.

I do my homework. My "Homework Time" is 6：00.

I have dinner. My "Dinner Time" is 7：00.

I play video games.

I go home. My "Bed Time" is 9：00.

C2：O.K. My turn. I go home. I go to *juku*. I go home. I take a bath.

My "Bath Time" is 8：30. I go to bed. …

次の時間は，多くの友達と自分に日課を伝え合うように言っておきます。

❸ まとめ（5分）

振り返りカードに記入させます。

数名に発表させ，学びを深める機会とします。

unit 9

35 This is my day. ぼく・わたしの一日

第5時

・目　標：4コマ漫画を見せながら，1日の日課を発表する。
・準備物：□作成した4コマ漫画シート

1 導入（10分）

❶ 挨拶する。（2分）

❷ 英語の歌「This is the way」を歌う。（3分）

❸ 絵本「This is my day.」を読む。（5分）

教師の読み聞かせを行います。

読み聞かせしながら，児童にも吹き出しの台詞や英文を言わせるようにします。

2 展開（25分）

❶「ぼく・わたしの一日」を順番に伝え合う。（10分）

4人組にし，机を向かい合わせます。

\ ポイント /
この時，机の配置を次のように真ん中を空け，4人がお互い顔が見れる状態にします。

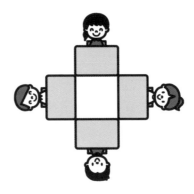

児童は順番に，成果物の４コマ漫画を班員見せながら，「朝起きてから家を出るまで」「家に帰ってから寝るまで」を英語で伝えます。終わったら座ります。

　教師の合図で，２人目が発表します。

> **\ ポイント /**
> 　伝える時は，立って，相手に絵をしっかりと見せながら，行うように指導しておきます。相手への配慮を大事にさせます。

❷ グループの代表を決める。（５分）

　４人班で誰か１人がクラスの前で発表するように指示します。

T：グループで今，発表して，友達のことが色々よく知れたと思いますが，その中で，この人のことをみんなに知ってもらいたいという人，１人，班の代表を決めて下さい。その人は，前に出てきて発表してもらいます。

C：え～～～。（グループで話合う）

T：時間は２分くらい。

C：（決める）

T：決まったグループは，代表者の名前を黒板に書きに来てください。

> **\ ポイント /**
> 　決まったことを確認するためにも，黒板に名前を書かせるとよいです。また，他の班も，「ああ，○○ちゃんが，代表なんだ」とお互いが可視化され，より聞きたいという気持ちが強くなるでしょう。

　発表者が決まったら，班で練習するように言います。

　約３分後，やめさせ，全体の前で発表するように指示します。

❸ 代表者が発表する。（10分）

　１班から順番に発表し，始めと終わりに拍手を送ります。

　児童は，友達の家での様子を知ることに興味をもつでしょう。

　およそ７～８人の発表となります。

❸ まとめ（５分）

　振り返りカードに記入させます。数名に発表させ，学びを深める機会とします。

unit 9

英語の発音に気をつけよう
―4つの「ア」

　英語には日本語にない「口の形」や「舌の位置」,「音」があります。代表的な音は, /f/ や /v/ のように, 下唇を噛んで出す音があります。また, 舌を歯と歯の間に入れて音を出す, /θ/ や, /ə/ のような発声方法もあります。さらに, /l/ と /r/ は, 日本語ではどちらも「ラ」で済ましていますが, 英語には, 2種類の「ラ」があります。日本語の「ラ」は, どちらかというと, 英語の /l/ と /r/ の中間の音になります。

　今回の「ア」も, 日本語では1つの「ア」ですが, なんと英語では, 4種類もあるのです。〇で囲んだものが, 英語の「ア」です。こんなに幅が広いのです。この4つをすべて日本語では「ア」と捉えているので, hat も hut もどちらも「ハット」となってしまうのです。

　これは, 口の中を表したものです。発音記号があるのは, 舌の位置を表しています。そこに舌があるという図です。例えば, [ɑ:] は, 舌をのどの奥の方にやって, 口を縦に開けて発音する「ア」という音になります。

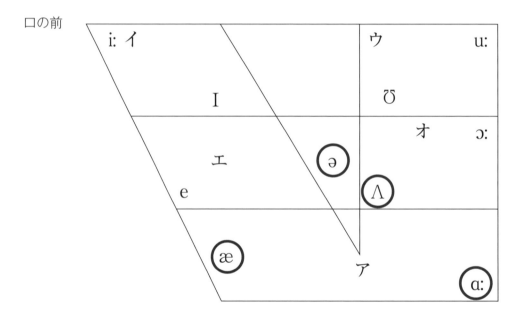

口の前

喉の奥

　では, それぞれ, どのような音になるのかを見ていきましょう。発音して練習してみてください。

[ɑ]	縦に指が三本入るほど口を大きく開けて「ア」	h<u>o</u>t p<u>o</u>cket b<u>o</u>x
[ʌ]	あっ, クモだ！の「アッ」	c<u>u</u>t h<u>u</u>t m<u>u</u>d
[æ]	「エ」の口の形で顎をさげながら,「ア」	h<u>a</u>t c<u>a</u>t m<u>a</u>t <u>a</u>pple
[ə]	口を半開きにしていう　あいまいな「ア」	<u>a</u>bout Jap<u>a</u>nese

Unit 2　学習カード　　　　Class （　）　Number （　）　Name （　　　　　　）

scarf	gloves	pants	short pants
cap	hat	boots	sandals
jacket	T-shirt	sweater	coat
pajamas	rain coat	dress	sunglasses
hot	cold	warm	cool
sunny	rainy	cloudy	snowy

世界の子どもたちの生活について知ろう

★ Let's Watch and Think を見て，下の表をうめましょう。

	1人目	2人目	3人目	4人目	5人目
どこの国？					
名前は？					
聞こえてきた曜日					
その他					

★みんなはどうか書きましょう。

みんなは？				

108

日課について伝え合おう

★１　先生の日課に聞き取って、時こくを書いていきましょう。

★２　あなたの日課を書きましょう。

★３　友達の日課をたずねてみましょう。

	Wake-up Time	Breakfast Time	Study Time	Lunch Time	Snack Time	Homework Time	Dinner Time	Bath Time	Bed Time	Dream Time
先生	：	：	8:30~15:00	12：50	：	：	：	：	：	：
あなた										

数字 BINGO

【1〜25】

【26〜50】

【51〜75】

【76〜100】

世界の子どものカバンの中身を聞き取ってみよう

	①	②	③
	スウェーデン	韓 国	アメリカ
①どこの国？			
②どんなものが入っているかな？			
③気付いたこと			

★みんなのカバンには，何を入れて学校に来ますか？

Alphabet 小文字 BINGO

a b c d e f g h i j k l m n o p q r s t u v w x y z

アルファベットの小文字は，こうしてできあがった！

【変化１】 大文字の一部が短くなり，一部がのびていった小文字（a, d, f, g, q, t, y）

A →   →   → a

D →   →   → d

G →   →   → g

【変化２】 大文字の一部が短くなった小文字（b, h, i, j, l, r）

B →   →   → b

R →   →   → r

【変化３】 大文字と似ている小文字（c, j, k, m, n, o, p, s, u, v, w, x, z）

【変化４】大文字の一部がのびて，くっついた小文字（e）

E →   →   → e

アルファベット小文字の仲間分け

★アルファベットの小文字を仲間に分けてみましょう。また，グループ名も考えましょう。

〔　　　　　　　　　　　〕グループ	〔　　　　　　　　　　　〕グループ
〔　　　　　　　　　　　〕グループ	〔　　　　　　　　　　　〕グループ

★さくせいした小文字の仲間わけを友達に発表し，どのようなグループであるか当ててもらいましょう。

友だちにオリジナルピザを作ってあげよう！

★1　友達の好きな野菜や果物を調査しましょう。

【作ってあげる友達】(　　　　　　　　　　　　　　　)

好きな野菜	
好きな果物	

★2　食材を集め，ピザを作りましょう！

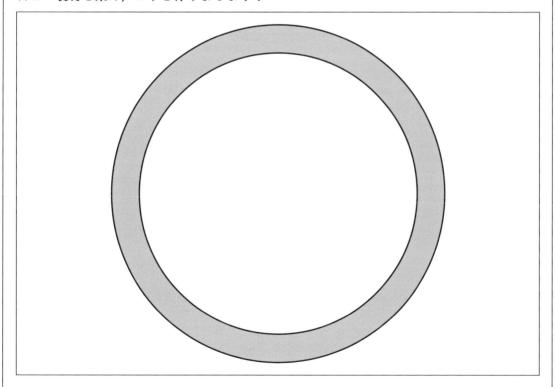

何が入っているかな？

★空きカンの中には，何が入っているかな？　英語をよく聞いて，No.1 ～No.5までの
　食材を線で結びましょう。

No.1　・

　　　　　　　・　eggplant　・　　　　　　・　ピーマン

No.2　・

　　　　　　　・　grapes　・　　　　　　　・　リンゴ

No.3　・

　　　　　　　・　apple　・　　　　　　　・　メロン

No.4　・

　　　　　　　・　mango　・　　　　　　　・　なす

No.5　・

　　　　　　　・　green pepper　・　　　　・　ぶどう

　　　　　　　・　melon　・　　　　　　　・　マンゴー

Date：　　月　　日（　　）

Today's Aim：＿＿＿＿＿＿＿＿＿＿＿＿＿＿＿＿＿＿＿＿＿＿＿＿＿＿＿＿

①今日の授業は楽しかったですか。　○をしましょう。

とても楽しい　　　　　　楽しい　　　　　ふつう　　　あまり楽しくない　　　　楽しくない

そう思ったわけは何ですか？

②英語をたくさん話しましたか。

　　　　たくさん話した　　話した　　あまり話さなかった　　話さなかった

③友達と英語で話して，友達のことで新しく知ったことはありましたか。それは何ですか？

④何かもっと知りたいことや，先生に質問はありますか。

Date：　月　日　（　）

Today's Aim：＿＿＿＿＿＿＿＿＿＿＿＿＿＿＿＿＿＿＿＿＿＿＿＿＿＿

	自己評価	できた				できない
①	楽しく学習できた。	5	4	3	2	1
②	積極的に英語をたくさん話すようにした。	5	4	3	2	1
③	友達やペアと協力して学習することができた。	5	4	3	2	1

新しく知ったこと，頑張ったこと，友達のよかったところなどを書きましょう。

Date：　月　日　（　）

Today's Aim：＿＿＿＿＿＿＿＿＿＿＿＿＿＿＿＿＿＿＿＿＿＿＿＿＿＿

	自己評価	できた				できない
①	楽しく学習できた。	5	4	3	2	1
②	積極的に英語をたくさん話すようにした。	5	4	3	2	1
③	友達やペアと協力して学習することができた。	5	4	3	2	1

新しく知ったこと，がんばったこと，友達のよかったところなどを書きましょう。

Date：　月　日　（　）

Today's Aim：＿＿＿＿＿＿＿＿＿＿＿＿＿＿＿＿＿＿＿＿＿＿＿＿＿＿

	自己評価	できた				できない
①	楽しく学習できた。	5	4	3	2	1
②	積極的に英語をたくさん話すようにした。	5	4	3	2	1
③	友達やペアと協力して学習することができた。	5	4	3	2	1

新しく知ったこと，がんばったこと，友達のよかったところなどを書きましょう。

【著者紹介】

瀧沢　広人（たきざわ　ひろと）

　1966年東京都東大和市に生まれる。埼玉大学教育学部小学校
教員養成課程卒業後，埼玉県公立中学校，ベトナム日本人学校，
公立小学校，教育委員会，中学校の教頭職を経て，現在，岐阜
大学教育学部准教授として小学校英語教育の研究を行う。

　主な著書は，『小学校英語サポート BOOKS　絶対成功す
る！外国語活動・外国語５領域の言語活動＆ワークアイデアブ
ック』，『小学校英語サポート BOOKS　Small Talk で英語表現
が身につく！小学生のためのすらすら英会話』，『小学校英語サ
ポート BOOKS　導入・展開でクラスが熱中する！小学校英語
の授業パーツ100』『小学校英語サポート BOOKS　英語教師の
ための Teacher's Talk & Small Talk 入門－40のトピックを収
録！つくり方から使い方まで丸ごとわかる！』『小学校英語サ
ポート BOOKS　単元末テスト・パフォーマンステストの実例
つき！小学校外国語活動＆外国語の新学習評価ハンドブック』
（以上　明治図書）他多数。

〔本文イラスト〕木村美穂

絶対成功する！外国語活動
35時間の授業アイデアブック　小学４年

2020年３月初版第１刷刊 ©著　者	瀧	沢 広	人
発行者	藤	原 光	政
発行所	明治図書出版株式会社		

http://www.meijitosho.co.jp
（企画）木山麻衣子（校正）吉田　茜
〒114-0023　東京都北区滝野川7-46-1
振替00160-5-151318　電話03（5907）6702
ご注文窓口　電話03（5907）6668

＊検印省略　　　　組版所 株式会社 木元省美堂

本書の無断コピーは，著作権・出版権にふれます。ご注意ください。
教材部分は，学校の授業過程での使用に限り，複製することができます。

Printed in Japan　　　　　　ISBN978-4-18-338612-0
もれなくクーポンがもらえる！読者アンケートはこちらから　→

好評発売中！

絶対成功する！
外国語活動／授業
アイデアブック

瀧沢広人　著

全4冊

365 日の英語授業づくりをフルサポート！

絶対成功する！
外国語活動 35 時間の授業アイデアブック　小学3年

図書番号 3385　120頁　1,900 円 (+税)

絶対成功する！
外国語活動 35 時間の授業アイデアブック　小学4年

図書番号 3386　120頁　1,900 円 (+税)

絶対成功する！
外国語授業 33 の英語表現指導アイデアブック　小学5年

図書番号 3387　144頁　2,200 円 (+税)

絶対成功する！
外国語授業 33 の英語表現指導アイデアブック　小学6年

図書番号 3388　144頁　2,200 円 (+税)

明治図書　　携帯からは**明治図書 MOBILE** へ　書籍の検索、注文ができます。▶▶▶

http://www.meijitosho.co.jp　＊併記4桁の図書番号（英数字）でHP、携帯での検索・注文が簡単に行えます。

〒114－0023　東京都北区滝野川 7－46－1　ご注文窓口　TEL 03－5907－6668　FAX 050－3156－2790